TRAINING 2016
Abschlussprüfung
Lösungen

Mathematik

Realschule
Niedersachsen
2015

STARK

© 2015 by Stark Verlagsgesellschaft mbH & Co. KG
11. ergänzte Auflage
www.stark-verlag.de

Das Werk und alle seine Bestandteile sind urheberrechtlich geschützt. Jede vollständige oder teilweise
Vervielfältigung, Verbreitung und Veröffentlichung bedarf der ausdrücklichen Genehmigung des Verlages.

Inhalt

Training Grundwissen 1
1 Wiederholung Grundlagen 1
2 Lineare Funktionen – Lineare Gleichungssysteme 17
3 Quadratische Funktionen und Gleichungen 26
4 Lineares und exponentielles Wachstum 43
5 Ähnlichkeit 45
6 Sätze am rechtwinkligen Dreieck 52
7 Trigonometrie 56
8 Kreis 66
9 Körper 71
10 Stochastik 89

Aufgabe im Stil der Abschlussprüfung 96
Allgemeiner Teil 96
Hauptteil mit Wahlaufgaben 100

Abschlussprüfung 2015
Allgemeiner Teil 2015-1
Hauptteil mit Wahlaufgaben 2015-4

Vorwort

Liebe Schülerin, lieber Schüler,

dies ist das Lösungsheft zu dem Band **Training Abschlussprüfung Niedersachsen 2016** (Best.-Nr.: 31500) und zur **Kombination aus Trainingsband und Online-Prüfungstraining** (Best.-Nr.: 31500ML). Es enthält zu allen Aufgaben von unseren Autoren ausgearbeitete Lösungen, die jeden Rechenschritt ausführlich erklären.
Zahlreiche Skizzen zur Veranschaulichung dienen dem besseren Verständnis der Lösungen und helfen dir beim Nachvollziehen von Sachverhalten.

Versuche stets, jede Aufgabe zunächst selbstständig zu lösen, und erst dann deine Lösung mit der Lösung im Buch zu vergleichen. Nur was du dir selbst erarbeitet hast, bleibt im Gedächtnis und du lernst dazu. Halte dich deswegen konsequent daran, jede Aufgabe zunächst selbst zu rechnen. Hast du eine Aufgabe nicht richtig gelöst, ist es ganz wichtig, diese zu einem späteren Zeitpunkt noch einmal durchzurechnen.

Durch das Üben wirst du dich sicher fühlen und kannst beruhigt in die Prüfung gehen.

Wir wünschen dir viel Erfolg!

Autoren:
Jan-Hinnerk Ahlers, Ursula Hollen, Dietmar Steiner, Henner Striedelmeyer

1 Wiederholung Grundlagen

1 $u = 2 \cdot \ell + 2 \cdot b$
$2b = u - 2\ell$ | 30 cm für u eingesetzt | : 2
$b = 15\,\text{cm} - \ell$

2 a) $1{,}5x + 2y$ b) $x \cdot y - (x - y)$ c) $(2y - x) - \dfrac{0{,}5x}{(x - y)}$

d) $3x - \dfrac{y}{4}$ oder $3x - 0{,}25y$

3 a) $T(2) = 3 \cdot 2^2 - 2 \cdot 2 + 5$ $T(-1) = 3 \cdot (-1)^2 - 2 \cdot (-1) + 5$ $T\left(\dfrac{1}{2}\right) = 3 \cdot \left(\dfrac{1}{2}\right)^2 - 2 \cdot \left(\dfrac{1}{2}\right) + 5$
$T(2) = 13$ $T(-1) = 10$ $T\left(\dfrac{1}{2}\right) = \dfrac{19}{4}$

b) $T(2) = 2^3 + 2 \cdot 2^2 - 7$ $T(-1) = (-1)^3 + 2 \cdot (-1)^2 - 7$ $T\left(\dfrac{1}{2}\right) = \left(\dfrac{1}{2}\right)^3 + 2 \cdot \left(\dfrac{1}{2}\right)^2 - 7$
$T(2) = 9$ $T(-1) = -6$ $T\left(\dfrac{1}{2}\right) = \dfrac{1}{8} + \dfrac{1}{2} - 7 = -\dfrac{51}{8}$

c) $T(2) = -2 \cdot 2^2 + 3 \cdot 2 - 1$ $T(-1) = -2 \cdot (-1)^2 + 3 \cdot (-1) - 1$ $T\left(\dfrac{1}{2}\right) = -2 \cdot \left(\dfrac{1}{2}\right)^2 + 3 \cdot \dfrac{1}{2} - 1$
$T(2) = -3$ $T(-1) = -6$ $T\left(\dfrac{1}{2}\right) = -\dfrac{1}{2} + \dfrac{3}{2} - 1 = 0$

4 a) $T(1;-1) = 3 \cdot 1 + \dfrac{-1}{4} - 5(1 - 2{,}5)$ | 1 für x und −1 für y einsetzen
$T(1;-1) = 3 - \dfrac{1}{4} + 7{,}5$ $T(1;-1) = 10{,}25$

b) $T(1;-1) = 2{,}7 \cdot 1 - (1+1) : (-1) - 1$ | 1 für x und −1 für y einsetzen
$T(1;-1) = 2{,}7 + 2 - 1$ $T(1;-1) = 3{,}7$

5 $\dfrac{(2 - w^2) \cdot 3w}{w^2}$

Für $w = 2$ eingesetzt: $\dfrac{(2 - 2^2) \cdot 3 \cdot 2}{2^2} = \dfrac{(2-4) \cdot 6}{4} = \dfrac{-2 \cdot 6}{4} = \dfrac{-12}{4} = -3$

Für $w = -1$ eingesetzt: $\dfrac{(2 - (-1)^2) \cdot 3 \cdot (-1)}{(-1)^2} = \dfrac{(2-1) \cdot 3 \cdot (-1)}{1} = \dfrac{1 \cdot 3 \cdot (-1)}{1} = \dfrac{-3}{1} = -3$

Für $w = 5$ eingesetzt: $\dfrac{(2 - 5^2) \cdot 3 \cdot 5}{5^2} = \dfrac{(2-25) \cdot 3 \cdot 5}{25} = \dfrac{-23 \cdot 3 \cdot 5}{25} = \dfrac{-23 \cdot 3}{5} = -\dfrac{69}{5} = -13\dfrac{4}{5}$

6 a) $2x - 3{,}5$ b) $-3a - 4{,}325$

c) $-x + \dfrac{3}{2} - \dfrac{10}{3} - \dfrac{1}{6} = -x + \dfrac{3 \cdot 3 - 10 \cdot 2 - 1}{6} = -x - 2$ d) $-2{,}4a - 11{,}18$

7 a) $-5x$

b) $-\dfrac{2}{3}a - \dfrac{1}{6}a - \dfrac{10}{3}a = -\dfrac{4}{6}a - \dfrac{1}{6}a - \dfrac{20}{6}a = -\dfrac{25}{6}a$

c) $-2x^2 + \dfrac{3}{5}x^2 = -\dfrac{10}{5}x^2 + \dfrac{3}{5}x^2 = -\dfrac{7}{5}x^2$

d) $-ab + a - 5$

8 a) $-2x + 4{,}5y + 6x - 4y = 4x + 0{,}5y$

b) $-2x + 4{,}6y - 3{,}4x - 4y = -5{,}4x + 0{,}6y$

9 a) $5a - 3a - b = 2a - b$

b) $5a + 3a + 2b = 8a + 2b$

10 a) $6x - 10y + 24y - 21x = -15x + 14y$

b) $27a - 12a + 6b + 12c + 3b - 3c = 15a + 9b + 9c$

c) $3x - 15y - 3x + 6y + 15 = -9y + 15$

d) $133a - 224a + 126b + 105b = -91a + 231b$

11 a) $x + x^2$

b) $\dfrac{1}{2}x^2 + x + x^2 = \dfrac{3}{2}x^2 + x$

c) $x^2 + 1{,}2x^2 + 0{,}4x = 2{,}2x^2 + 0{,}4x$

d) $x^2 + 0{,}1x + 0{,}1x^2 = 1{,}1x^2 + 0{,}1x$

12 a) $15x - y - 6$

b) $51a^2 - 14{,}1ab - 0{,}9ab - 2{,}25b^2 = 51a^2 - 15ab - 2{,}25b^2$

c) $(-2x + y) \cdot (-2y) = 4xy - 2y^2$

d) $21u^2 + \cancel{28uv} - \cancel{42u} - \cancel{28uv} + 12v^2 - \cancel{56v} + \cancel{42u} + \cancel{56v} = 21u^2 + 12v^2$

13 a) $x^2 - 6xy + 9y^2$ (2. binomische Formel)

b) $16x^2 + 24xy + 9y^2$ (1. binomische Formel)

c) $6{,}25x^2 - y^2$ (3. binomische Formel)

d) $0{,}25a^2 - 5ab + 25b^2$ (2. binomische Formel)

e) $\dfrac{1}{9}r^2 + \dfrac{2}{15}rs + \dfrac{1}{25}s^2$ (1. binomische Formel)

f) $\dfrac{64}{9}u^2 - \dfrac{9}{16}v^2$ (3. binomische Formel)

14 a) $16a^2 - 9b^2$

b) $56{,}25a^2 - 4b^2$

c) $\dfrac{1}{16} - x^2$

d) $4x^2 - 4x + 1$

e) $\dfrac{4}{9}a^2 + \dfrac{4}{3}ab + b^2$

f) $\dfrac{a^2b^2}{9} + \dfrac{2a^2b}{7} + \dfrac{9a^2}{49}$

15 a) $x^2 - 2x + 1 - 1 + 2x - x^2 = 0$

b) $(5a + 3b) \cdot (5a - 3b) \cdot (-1) - (49a^2 - 56ab + 16b^2) + (7b - 56a) \cdot b$
$= -25a^2 + 9b^2 - 49a^2 + 56ab - 16b^2 + 7b^2 - 56ab = -74a^2$

c) $a^2 - (3 + 2b)^2 + (3 + b) \cdot 4b = a^2 - 9 - 12b - 4b^2 + 12b + 4b^2 = a^2 - 9 = (a + 3) \cdot (a - 3)$

d) $(x^4 + 2x^2 + 1) \cdot (x^4 - 2x^2 + 1) = x^8 - 2x^6 + x^4 + 2x^6 - 4x^4 + 2x^2 + x^4 - 2x^2 + 1 = x^8 - 2x^4 + 1$

16 a) $\dfrac{7}{2} \cdot \dfrac{2}{7} = 1$ | Statt durch $3{,}5 = \dfrac{7}{2}$ zu dividieren, wird mit $\dfrac{2}{7}$ multipliziert.

b) $0{,}7 \cdot 0{,}7 = 0{,}49$

c) $3,2 \cdot 1,3 + 6,8 \cdot 1,3 = 1,3 \cdot (3,2 + 6,8) = 1,3 \cdot 10 = 13$

17 a) $13 + 3 = 16$ b) $0 + 17,4 = 17,4$ c) $1 + 2 = 3$

18 a) $-8ab + 16ab = 8ab$ b) $\dfrac{a^2}{2a} - \dfrac{-a \cdot (-1)}{2} - \dfrac{a}{2} = \dfrac{a}{2} - \dfrac{a}{2} - \dfrac{a}{2} = -\dfrac{a}{2}$

19 a) $6ab + 6ab = 12ab$

b) $-5c + 2 + c - \dfrac{c}{4} - \dfrac{c^2}{2} : \left(c \cdot \dfrac{c}{1}\right) = -4c - \dfrac{c}{4} + 2 - \dfrac{c^2}{2} : c^2 = -4c - \dfrac{c}{4} + 2 - \dfrac{1}{2} = -\dfrac{17}{4}c + \dfrac{3}{2}$

c) $7b - 7b + \dfrac{b}{2} = \dfrac{b}{2}$

d) $4a - b + 16b + \left[\left(4a \cdot \dfrac{a^2}{1}\right) : (-a^2)\right] \cdot 15b = 4a + 15b + [4a^3 : (-a^2)] \cdot 15b = 4a + 15b - 60ab$

20 a) $9 \cdot (3x - 2y - 6z)$ b) $13a \cdot (2x^2 - 3ax + 13a^2)$

c) $x^2yz^2 \cdot (xy^3 + 5z - 7x^2y^2z^2)$ d) $-7r^2t^3 \cdot (3r^3t^3 + 5t + 4r)$

21 a) $3x - 17 = 19 \quad |+17$
$3x = 36 \quad |:3$
$x = 12$
für $x \in \mathbb{N}$: $L = \{12\}$
für $x \in \mathbb{Z}$: $L = \{12\}$

b) $\dfrac{9}{25} = \dfrac{x}{75} \quad |\cdot 75$
$x = 27$
für $x \in \mathbb{N}$: $L = \{27\}$
für $x \in \mathbb{Z}$: $L = \{27\}$

c) $-4x + 6 = 10x - 8 \quad |-10x - 6$
$-14x = -14 \quad |:(-14)$
$x = 1$
für $x \in \mathbb{N}$: $L = \{1\}$
für $x \in \mathbb{Z}$: $L = \{1\}$

22 a) $2(x + 24) = 100 \quad |$ Klammern auflösen
$2x + 48 = 100 \quad |-48$
$2x = 52 \quad |:2$
$x = 26$
$L = \{26\}$

b) $8x - (2x + 6) + (8 - 4x) = 0 \quad |$ Klammern auflösen
$8x - 2x - 6 + 8 - 4x = 0 \quad |$ zusammenfassen
$2x + 2 = 0 \quad |-2$
$2x = -2 \quad |:2$
$x = -1$
$L = \{-1\}$

c) $14x - (16 - 6x) = 56 \quad |$ Klammern auflösen
$14x - 16 + 6x = 56 \quad |$ zusammenfassen
$20x - 16 = 56 \quad |+16$
$20x = 72 \quad |:20$
$x = \dfrac{72}{20} \quad |$ kürzen
$x = \dfrac{18}{5} \quad$ oder $x = 3,6$
$L = \{3,6\}$

23 a) $\dfrac{4x-6}{7} = 5$ $\quad |\cdot 7$

$4x - 6 = 35$ $\quad |+6$

$4x = 41$ $\quad |:4$

$x = 10\dfrac{1}{4}$

$L = \left\{10\dfrac{1}{4}\right\}$

b) $\dfrac{x}{15} = \dfrac{21}{63}$ $\quad$ Kürzen auf der rechten Seite

$\dfrac{x}{15} = \dfrac{1}{3}$ $\quad |\cdot 15$

$x = \dfrac{15}{3}$

$x = 5$

$L = \{5\}$

c) $\dfrac{15}{x} = \dfrac{3}{5}$ $\quad |\cdot 5x$

$15 \cdot 5 = 3x$ $\quad |:3$

$25 = 3$

$L = \{25\}$

---

24 a) Gesuchte Zahl: $\quad x$
das Doppelte: $\quad 2x$
vermindert um 6: $\quad -6$
Gleichung aufstellen: $\quad 2x - 6 = 18$
Gleichung lösen: $\quad 2x - 6 = 18$ $\quad |+6$
$\quad\quad\quad\quad\quad\quad\quad\quad 2x = 24$ $\quad |:2$
$\quad\quad\quad\quad\quad\quad\quad\quad x = 12$
$\quad\quad\quad\quad\quad\quad\quad\quad L = \{12\}$

b) Gesuchte Zahl: $\quad x$
Summe aus der gesuchten Zahl und 2,5: $\quad x + 2,5$
mit 8 multipliziert: $\quad \cdot 8$
Gleichung aufstellen: $\quad (x + 2,5) \cdot 8 = -4$
Gleichung lösen: $\quad (x + 2,5) \cdot 8 = -4$ $\quad |:8$
$\quad\quad\quad\quad\quad\quad x + 2,5 = -\dfrac{4}{8}$ $\quad |-2,5$
$\quad\quad\quad\quad\quad\quad x = -\dfrac{1}{2} - 2,5$
$\quad\quad\quad\quad\quad\quad x = -3$
$\quad\quad\quad\quad\quad\quad L = \{-3\}$

c) Gesuchte Zahl: $\quad x$
Dreifaches der Zahl: $\quad 3x$
Differenz aus dem Dreifachen und 4: $\quad 3x - 4$
Summe aus der Zahl und 1: $\quad x + 1$
Vierfaches aus der Summe der Zahl und 1: $\quad 4 \cdot (x+1)$
Gleichung aufstellen: $\quad 3x - 4 = 4 \cdot (x+1)$
Gleichung lösen: $\quad 3x - 4 = 4 \cdot (x+1)$ $\quad$ Klammer auflösen
$\quad\quad\quad\quad\quad\quad 3x - 4 = 4x + 4$ $\quad |+4-4x$
$\quad\quad\quad\quad\quad\quad -x = 8$ $\quad |\cdot(-1)$
$\quad\quad\quad\quad\quad\quad x = -8$
$\quad\quad\quad\quad\quad\quad L = \{-8\}$

---

25 a) Anzahl der Gäste aus Bremen: $\quad x$
Anzahl der Gäste aus Hamburg: $\quad 2x$
Anzahl der Gäste aus Niedersachsen: $\quad 5x$

Gleichung aufstellen: $\quad x + 2x + 5x = 48$

$$8x = 48 \quad |:8$$
$$x = 6$$

Es sind 6 Gäste aus Bremen, 12 Gäste aus Hamburg und 30 Gäste aus Niedersachsen.

b) Preis für eine Maus: $\quad x\,€$

Gleichung aufstellen: $\quad 12x + 3{,}95\,€ + 87{,}45\,€ = 350\,€$

Gleichung lösen: $\quad 12x + 91{,}40\,€ = 350\,€ \quad |-91{,}40$

$$12x = 258{,}60\,€ \quad |:12$$
$$x = 21{,}55\,€$$

Eine Maus kostete 21,55 €.

c) Kleinste der Zahlen: $\quad x$
zweite Zahl: $\quad x+1$
dritte Zahl: $\quad x+2$
vierte Zahl: $\quad x+3$

Gleichung aufstellen: $\quad x+(x+1)+(x+2)+(x+3) = -2$

Gleichung lösen: $\quad x+(x+1)+(x+2)+(x+3) = -2 \quad$ Zusammenfassen

$$4x + 6 = -2 \quad |-6$$
$$4x = -8 \quad |:4$$
$$x = -2$$

Die Zahlen heißen –2, –1, 0 und 1.

---

26 a) $2x - 8 > 12 \quad |+8$
$ 2x > 20 \quad |:2$
$ x > 10$
$ L = \{x \mid x > 10\}$

b) $1 - x > -2 \quad |-1$
$ -x > -3 \quad |\cdot(-1)\,!$
$ x < 3$
$ L = \{x \mid x < 3\}$

c) $5 - 8x < x - 7 \quad |-5-x$
$ -9x < -12 \quad |:(-9)\,!$
$ x > \dfrac{12}{9}$
$ x > \dfrac{4}{3}$
$ L = \left\{x \mid x > \dfrac{4}{3}\right\}$

d) $5{,}4 \cdot (2x - 1{,}8) < 2{,}7 \cdot (3x - 1{,}9)$
$ 10{,}8x - 9{,}72 < 8{,}1x - 5{,}13 \quad |+9{,}72 - 8{,}1x$
$ 2{,}7x < 4{,}59 \quad |:2{,}7$
$ x < 1{,}7$
$ L = \{x \mid x < 1{,}7\}$

oder: $5{,}4 \cdot (2x - 1{,}8) < 2{,}7 \cdot (3x - 1{,}9) \quad |:2{,}7$
$ 2(2x - 1{,}8) < 3x - 1{,}9$
$ 4x - 3{,}6 < 3x - 1{,}9 \quad |-3x + 3{,}6$
$ x < 1{,}7$
$ L = \{x \mid x < 1{,}7\}$

e) $\dfrac{2}{5}x - 1 < \dfrac{3}{5} \quad |+1$
$ \dfrac{2}{5}x < \dfrac{8}{5} \quad |\cdot\dfrac{5}{2}$
$ x < 4$
$ L = \{x \mid x < 4\}$

f) $-11x + (17 - 3x) \cdot 3 < 7 - \dfrac{2}{5} \cdot \left(50x - 3\dfrac{4}{7}\right)$
$ -11x + 51 - 9x < 7 - 20x + \dfrac{10}{7}$
$ -20x + 51 < -20x + \dfrac{59}{7} \quad |+20x - \dfrac{59}{7}$
$ \dfrac{298}{7} < 0$

Dies ist eine falsche Aussage, deshalb ist die Ungleichung für keine reelle Zahl erfüllt. $L = \emptyset$

27 a) $x + \frac{3}{4} \geq -2,75$ $\quad\quad\quad\quad |-0,75$

$x \geq -3,5$

$L = \{x \mid x \geq -3,5\}$

b) $1 - x \geq 16 - 16x$ $\quad\quad\quad |+16x - 1$

$15x \geq 15$ $\quad\quad\quad\quad\quad\quad |:15$

$x \geq 1$

$L = \{x \mid x \geq 1\}$

c) $0,1x - 14,6 \geq 5,4 - 0,1x$ $\quad |+0,1x + 14,6$

$0,2x \geq 20$ $\quad\quad\quad\quad\quad\quad |:0,2$

$x \geq 100$

$L = \{x \mid x \geq 100\}$

d) $(x - 2) \cdot x - (x + 3)(x + 2) \leq 0$

$x^2 - 2x - (x^2 + 2x + 3x + 6) \leq 0$

$x^2 - 2x - x^2 - 5x - 6 \leq 0$

$-7x - 6 \leq 0 \quad |+6$

$-7x \leq 6 \quad |:(-7)\,!$

$x \geq -\frac{6}{7}$

$L = \left\{x \mid x \geq -\frac{6}{7}\right\}$

28 Menge in kg: y $\quad$ Preis in €: x

$y = \frac{25 \text{ kg}}{20 \text{ €}} \cdot x$

$y = \frac{25 \text{ kg}}{20 \text{ €}} \cdot 16 \text{ €}$

$y = 20 \text{ kg}$

29 $s = v_1 \cdot t_1 \quad \text{und} \quad s = v_2 \cdot t_2$

$s = 50 \frac{\text{km}}{\text{h}} \cdot 5 \text{ h} = 250 \text{ km}$

$t_2 = \frac{s}{v_2} = \frac{250 \text{ km}}{75 \frac{\text{km}}{\text{h}}} = \frac{10}{3} \text{ h} = 3\frac{1}{3} \text{ h} = 3 \text{ h } \frac{20}{60} \text{ h} = 3 \text{ h } 20 \text{ min}$

30 a) Jahresverbrauch von 50 kWh:

A: $\text{Preis}_A = 26,46 \text{ €} + 28,71 \frac{\text{Cent}}{\text{kWh}} \cdot 50 \text{ kWh}$

$\text{Preis}_A \approx 40,82 \text{ €}$

B: $\text{Preis}_B = 24,47 \text{ €} + 31,52 \frac{\text{Cent}}{\text{kWh}} \cdot 50 \text{ kWh}$

$\text{Preis}_B = 40,23 \text{ €}$

Jahresverbrauch von 150 kWh:

A: $\text{Preis}_A = 26,46 \text{ €} + 28,71 \frac{\text{Cent}}{\text{kWh}} \cdot 150 \text{ kWh}$

$\text{Preis}_A \approx 69,53 \text{ €}$

B: $\text{Preis}_B = 24{,}47\ € + 31{,}52\ \dfrac{\text{Cent}}{\text{kWh}} \cdot 150\ \text{kWh}$

$\text{Preis}_B = 71{,}75\ €$

Bei einem Jahresverbrauch von 50 kWh ist Anbieter B, bei einem Verbrauch von 150 kWh ist Anbieter A günstiger.

b) Jahresverbrauch von 3 200 kWh:

A: $\text{Preis}_A = 49{,}99\ € + 15{,}42\ \dfrac{\text{Cent}}{\text{kWh}} \cdot 3\,200\ \text{kWh}$

$\text{Preis}_A = 543{,}43\ €$

B: $\text{Preis}_B = 39{,}15\ € + 14{,}98\ \dfrac{\text{Cent}}{\text{kWh}} \cdot 3\,200\ \text{kWh}$

$\text{Preis}_B = 518{,}51\ €$

Die Familie wird sich für Anbieter B entscheiden.

c) Der zu zahlende Betrag y in Abhängigkeit von der Jahresabnahme x lässt sich für den Anbieter durch die folgenden Gleichungen darstellen:

A: $y = \dfrac{28{,}71}{100}\ \dfrac{€}{\text{kWh}} \cdot x + 26{,}46\ €$ (1)

B: $y = \dfrac{31{,}52}{100}\ \dfrac{€}{\text{kWh}} \cdot x + 24{,}47\ €$ (2)

Wir ermitteln zunächst die Jahresabnahme x_0, für die bei beiden Anbietern der gleiche Betrag zu zahlen ist:

$\dfrac{28{,}71}{100} \cdot x_0 + 26{,}46 = \dfrac{31{,}52}{100} \cdot x_0 + 24{,}47 \quad |\cdot 100$

$28{,}71 x_0 + 2\,646 = 31{,}52 x_0 + 2\,447 \quad |-31{,}52 x_0 - 2\,646$

$-2{,}81 x_0 = -199 \quad |:(-2{,}81)$

$x_0 \approx 70{,}82$

d. h. für einen Jahresverbrauch von 70,82 kWh sind beide Anbieter gleich günstig.

Für einen Jahresverbrauch $x > x_0$, z. B. $x = 71\ \text{kWh}$ erhalten wir:

A: $y = \dfrac{28{,}71}{100} \cdot 71 + 26{,}46\ € \quad y_A \approx 46{,}84\ €$

B: $y = \dfrac{31{,}52}{100} \cdot 71 + 24{,}47\ € \quad y_A \approx 46{,}85\ €$

d. h. im Tarif H_0 ist ab einem Jahresverbrauch von 70,82 kWh der Anbieter A günstiger.

Zusatz: Zeichnen wir die den Gleichungen (1) und (2) für die beiden Anbieter entsprechenden Geraden in ein Koordinatensystem, so können wir die Antworten auf die gestellten Fragen auch aus dem Diagramm ablesen.

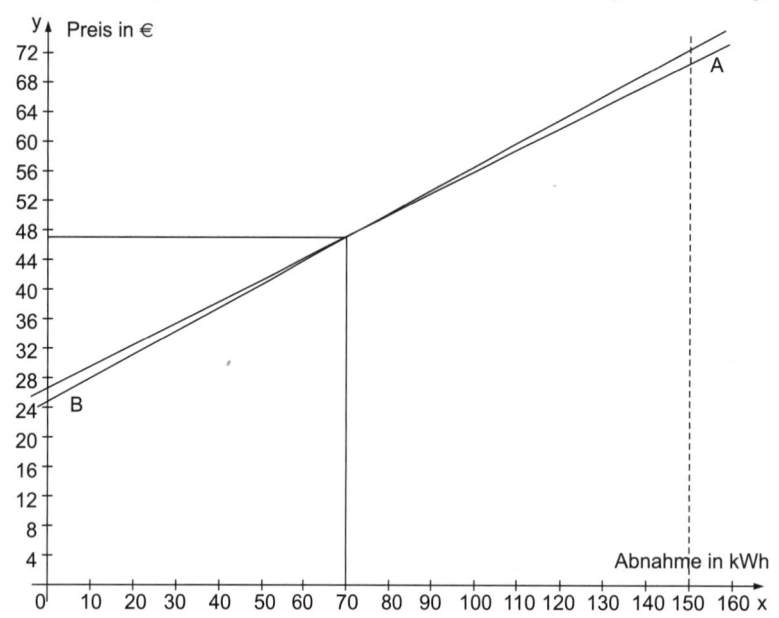

31

G	320	150	240	300
W	80	30	12	360
p %	25 %	20 %	5 %	120 %

32 a) $25 \% \triangleq 30 \text{ B}$ oder: $G = \dfrac{W}{p} \cdot 100$

$1 \% \triangleq \dfrac{30 \text{ B}}{25} = 1,2 \text{ B}$ $G = \dfrac{30 \text{ B}}{25} \cdot 100$

$100 \% \triangleq 1,2 \text{ B} \cdot 100 = 120 \text{ B}$ $G = 120 \text{ B}$

b) $10 \% \triangleq 16 \text{ kg}$

$1 \% \triangleq \dfrac{16 \text{ kg}}{10} = 1,6 \text{ kg}$

$25 \% \triangleq 1,6 \text{ kg} \cdot 25 = 40 \text{ kg}$

c) $\dfrac{160 \text{ €}}{100 \%} \cdot 102 \% = 163,20 \text{ €}$

d) $G = 2\,000 \text{ m}$ $W = 20 \text{ m}$ gesucht: p %

$p = \dfrac{W \cdot 100}{G}$

$p = \dfrac{20 \text{ m} \cdot 100}{2\,000 \text{ m}}$

$p = 1$

$p \% = 1 \%$

33 a) $p = \dfrac{750\ €\cdot 100}{600\ €}$

$p = 125$

$p\ \% = 125\ \%$

b) $100\ \% \mathrel{\hat{=}} 60\ €$

$1\ \% \mathrel{\hat{=}} \dfrac{60\ €}{100} = 0{,}6\ €$

$20\ \% \mathrel{\hat{=}} 0{,}6\ €\cdot 20 = 12\ €$

Preis $= 60\ € - 12\ € = 48\ €$

---

34 $G = 360°\ (\mathrel{\hat{=}} 100\ \%)$ $\qquad W = 72°$ $\qquad$ Gesucht: $p\ \%$

$p = \dfrac{72°\cdot 100}{360°}$

$p = 20$

$p\ \% = 20\ \%$

---

35 Rest $= 150\ € - \dfrac{1}{3}\cdot 150\ € = 100\ €$

Sparschwein: $50\ \%$ vom Rest sind $100\ €\cdot \dfrac{50}{100} = 50\ €$

---

36 $G = 1\,300\ €$ $\qquad p\ \% = 2\ \%$ $\qquad$ Gesucht: W

$W = \dfrac{1\,300\ €\cdot 2}{100}$

$W = 26\ €$

---

37 Gesamteinlage $\quad G = 325\,000\ € + 275\,000\ € + 250\,000\ €$

$\qquad\qquad\qquad\quad G = 850\,000\ €$

Prozentuale Anteile der drei Teilhaber an der Gesamteinlage:

Teilhaber 1: $\qquad\qquad\qquad$ Teilhaber 2: $\qquad\qquad\qquad$ Teilhaber 3:

$p_1 = \dfrac{325\,000\ €\cdot 100}{850\,000\ €}$ $\qquad$ $p_2 = \dfrac{275\,000\ €\cdot 100}{850\,000\ €}$ $\qquad$ $p_3 = \dfrac{250\,000\ €\cdot 100}{850\,000\ €}$

$p_1 \approx 38{,}24$ $\qquad\qquad\qquad$ $p_2 \approx 32{,}35$ $\qquad\qquad\qquad$ $p_2 \approx 29{,}41$

$p_1\ \% \approx 38{,}24\ \%$ $\qquad\qquad$ $p_2\ \% \approx 32{,}35\ \%$ $\qquad\qquad$ $p_3\ \% \approx 29{,}41\ \%$

$15\ \%$ vom Jahresgewinn:

$W = \dfrac{212\,000\ €\cdot 15}{100}$

$W = 31\,800\ €$

Rest $= 212\,000\ € - 3\cdot 31\,800\ €$

Rest $= 116\,600\ €$

Aufteilung des Restes entsprechend der prozentualen Anteile:

Teilhaber 1: $\qquad\qquad\qquad$ Teilhaber 2: $\qquad\qquad\qquad$ Teilhaber 3:

$W_1 = \dfrac{116\,600\ €\cdot 38{,}24}{100}$ $\qquad$ $W_2 = \dfrac{116\,600\ €\cdot 32{,}35}{100}$ $\qquad$ $W_3 = \dfrac{116\,600\ €\cdot 29{,}41}{100}$

$W_1 \approx 44\,587{,}84\ €$ $\qquad\qquad$ $W_2 \approx 37\,720{,}10\ €$ $\qquad\qquad$ $W_3 \approx 34\,292{,}06\ €$

a) Kreisdiagramm: Mittelpunktswinkel der drei Sektoren entsprechend der prozentualen Anteilen
$360° \triangleq 100\ \% \triangleq 850\,000$ €

Teilhaber 1: $\dfrac{360° \cdot 38,24}{100} \approx 137,66°$

Teilhaber 2: $\dfrac{360° \cdot 32,35}{100} \approx 116,46°$

Teilhaber 3: $\dfrac{360° \cdot 29,41}{100} \approx 105,88°$

Prozentualer Anteil der drei Teilhaber an der Gesamteinlage von 850 000 €.

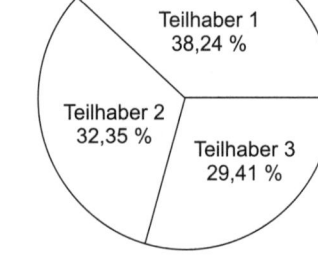

b) Gewinn für Teilhaber 2:
G = Jahresgewinn + Anteil
G = 31 800 € + 37 720,10 €
G = 69 520,10 €

38 a)

Jahr	Startkapital in €	Einzahlung in €	Zinsen in €	Guthaben in €
1	0	3 000	120	3 120
2	3 120	3 000	244,80	6 364,80
3	6 364,80	3 000	374,59	9 739,39
4	9 739,39	3 000	509,58	13 248,97

Hinweis: Die Werte sind ggf. gerundet.

Am Ende des 4. Jahres beträgt das Guthaben 13 248,97 €.

b) Rest = Guthaben $- 2 \cdot \text{Preis}_{\text{Erwachsene}} - 1 \cdot \text{Preis}_{\text{Kind}}$

Rest = $13\,248,97\ € - 2 \cdot 4\,800\ € - 4\,800\ € \cdot \dfrac{70\ \%}{100\ \%}$

Rest = 13 248,97 € − 9 600 € − 3 360 €
Rest = 288,97 €

In der Reisekasse verbleiben noch 288,97 €.

39 André: fester Zinssatz $p\ \% = 4,25\ \%$

Jahr	Startkapital in €	Zinssatz in %	Zinsen in €	Guthaben in €
1	2 300	4,25	97,75	2 397,75
2	2 397,75	4,25	101,90	2 499,65
3	2 499,65	4,25	106,24	2 605,89
4	2 605,89	4,25	110,75	2 716,64
5	2 716,64	4,25	115,46	2 832,10

Hinweis: Die Werte sind ggf. gerundet.

Andrea: variabler Zinssatz

Jahr	Startkapital in €	Zinssatz in %	Zinsen in €	Guthaben in €
1	2 300	3,25	74,75	2 374,75
2	2 374,75	3,70	87,87	2 462,62
3	2 462,62	4,25	104,66	2 567,28
4	2 567,28	4,50	115,53	2 682,81
5	2 682,81	5,00	134,14	2 816,95

Hinweis: Die Werte sind ggf. gerundet.

André hat sein Geld besser angelegt. Sein Guthaben beträgt nach 5 Jahren um 15,15 € mehr als das von Andrea. Führt man die Tabellenrechnung für das Guthaben von André weiter, so ergibt sich:
Nach 17 Jahren hat sich das Startkapital von André verdoppelt; sein Guthaben beträgt dann 4 666,82 €.

40 a) $1,23\text{ m} = 1230\text{ mm}$ b) $17\text{ cm} = 170\text{ mm}$ c) $0,3568\text{ km} = 3568\text{ dm}$
   d) $437,5\text{ m} = 0,4375\text{ km}$ e) $2,72\text{ dm} = 27,2\text{ cm}$ f) $0,0052\text{ m} = 5,2\text{ mm}$
   g) $2019\text{ mm} = 2,019\text{ m}$ h) $127,6\text{ dm} = 12,76\text{ m}$

41 a) $0,01\text{ km}^2 = 10\,000\text{ m}^2$ b) $6,906\text{ dm}^2 = 69\,060\text{ mm}^2$ c) $9,7\text{ mm}^2 = 0,097\text{ cm}^2$
   d) $626\text{ m}^2 = 0,0626\text{ ha}$ e) $0,023\text{ m}^2 = 23\,000\text{ mm}^2$ f) $0,0027\text{ ha} = 27\text{ m}^2$
   g) $17\,665\text{ cm}^2 = 1,7665\text{ m}^2$ h) $3027\text{ a} = 302\,700\text{ m}^2$

42 a) $0,063\text{ m}^3 = 63\text{ dm}^3 = 63\,\ell$ b) $3\text{ m}\ell = 0,003\,\ell = 0,003\text{ dm}^3$
   c) $12\,829\text{ cm}^3 = 12,829\text{ dm}^3 = 0,012829\text{ m}^3$ d) $1,024\text{ m}^3 = 1024\text{ dm}^3$
   e) $825,6\text{ dm}^3 = 0,8256\text{ m}^3$ f) $3,2\text{ cm}^3 = 0,0032\text{ dm}^3$

43 a) $3,25\text{ h} = 3\frac{1}{4}\text{ h} = 195\text{ min}$
   b) $6\text{ d}\,7\text{ h} = 6 \cdot 24\text{ h} + 7\text{ h} = 151\text{ h}$
   c) $7,6\text{ min} = 7 \cdot 60\text{ s} + 0,6 \cdot 60\text{ s} = 420\text{ s} + 36\text{ s} = 456\text{ s}$
   d) $2\text{ h}\,24\text{ min} = (2 \cdot 60 + 24)\text{ min} = 144\text{ min} = 144 \cdot 60\text{ s} = 8\,640\text{ s}$
   e) $17\text{ h}\,12\text{ min} = (17 \cdot 60 + 12)\text{ min} = 1\,032\text{ min}$
   f) $37\,653\text{ s} = 36\,000\text{ s} + 1\,653\text{ s} = 10\text{ h} + \frac{1\,653}{3\,600}\text{ h} \approx (10 + 0,46)\text{ h} = 10,46\text{ h}$
   g) $8\,280\text{ s} = \frac{8\,280}{3\,600}\text{ h} = 2,3\text{ h}$
   h) $187\,200\text{ s} = \frac{187\,200}{3\,600}\text{ h} = 52\text{ h}$

44 a) $23\text{ g} = 0,023\text{ kg}$ b) $0,0672\text{ kg} = 67,2\text{ g}$ c) $738\text{ g} = 0,738\text{ kg}$
   d) $6,7\text{ kg} = 0,067\text{ dt}$ e) $327\,865\text{ mg} = 0,327865\text{ kg}$ f) $0,032\text{ t} = 32\text{ kg}$
   g) $52,3\text{ g} = 52\,300\text{ mg}$ h) $72,5\text{ kg} = 0,0725\text{ t}$

45 a) $A = \frac{1}{2} \cdot c \cdot h_c$
   $A = \frac{1}{2} \cdot 7\text{ cm} \cdot 2,8\text{ cm}$
   $A = 9,8\text{ cm}^2$

   b) $A = \frac{1}{2} \cdot a \cdot h_a \quad |\cdot 2 \quad |:a$
   $h_a = \frac{2A}{a}$
   $h_a = \frac{2 \cdot 9,8\text{ cm}^2}{5\text{ cm}}$
   $h_a = 3,92\text{ cm}$

46 a) $\alpha + \beta + \gamma = 180°$
   $\gamma = 180° - \alpha - \beta$
   $\gamma = 180° - 58° - 47°$
   $\gamma = 75°$

   b) Nein
   Wenn α und β stumpfe Winkel sind, dann ist $\alpha > 90°$ und $\beta > 90°$. Damit wäre die Winkelsumme im Dreieck $\alpha + \beta + \gamma > 180°$.

47 a) Bedingung 1:
$\ell = 2b$
Bedingung 2:
$u = 2\ell + 2b = 42\,\text{cm}$ $\quad |:2$
$\ell + b = 21\,\text{cm}$
$2b + b = 21\,\text{cm}$
$3b = 21\,\text{cm}$
$b = 7\,\text{cm}$
$\ell = 2 \cdot 7\,\text{cm}$
$\ell = 14\,\text{cm}$

b) $A = \ell \cdot b$
$A = 14\,\text{cm} \cdot 7\,\text{cm}$
$A = 98\,\text{cm}^2$

48
$\left.\begin{array}{l} A = 90{,}25\,\text{cm}^2 \\ A = a^2 \end{array}\right\}$ $a^2 = 90{,}25\,\text{cm}^2$
$a = \sqrt{90{,}25\,\text{cm}^2}$
$a = 9{,}5\,\text{cm}$

$u = 4 \cdot a$
$u = 4 \cdot 9{,}5\,\text{cm}$
$u = 38\,\text{cm}$

49 $A = a \cdot h_a$ $\quad |:a$
$h_a = \dfrac{A}{a}$

$h_a = \dfrac{20\,\text{cm}^2}{5\,\text{cm}}$

$h_a = 4\,\text{cm}$

$u = 2a + 2b$
$u = 2 \cdot 5\,\text{cm} + 2 \cdot 4{,}5\,\text{cm}$
$u = 19\,\text{cm}$

50 $\left.\begin{array}{l} A = 24\,\text{cm}^2 \\ A = \dfrac{a+c}{2} \cdot h \end{array}\right\}$ $\dfrac{a+c}{2} \cdot h = 24\,\text{cm}^2$

$\dfrac{8\,\text{cm} + c}{2} \cdot 4\,\text{cm} = 24\,\text{cm}^2$ $\quad \left|\cdot \dfrac{1}{2}\right.$ $\quad |:\text{cm}$

$8\,\text{cm} + c = 12\,\text{cm}$ $\quad |-8\,\text{cm}$
$c = 4\,\text{cm}$

51 Umfang:
Dazu müssen zuerst die Länge der Trapezseite c und die Länge der Dreiecksseite d berechnet werden.

Mit dem Satz des Pythagoras gilt:

$c^2 = (12-8)^2 \text{ mm}^2 + (16-4-2)^2 \text{ mm}^2$
$c^2 = (4 \text{ mm})^2 + (10 \text{ mm})^2$
$c^2 = 116 \text{ mm}^2$
$c \approx 10,77 \text{ mm}$

Wieder mit dem Satz des Pythagoras gilt:

$d^2 = (4 \text{ mm})^2 + (8 \text{ mm})^2$
$d^2 = 16 \text{ mm}^2 + 64 \text{ mm}^2$
$d^2 = 80 \text{ mm}^2$
$d \approx 8,94 \text{ mm}$

Gesamtumfang:
$u = 12 \text{ mm} + 16 \text{ mm} + 8,94 \text{ mm} + 2 \text{ mm} + 10,77 \text{ mm}$
$u = 49,71 \text{ mm}$
$u \approx 50 \text{ mm}$
$u = 5 \text{ cm}$

Flächeninhalt:
Die gesuchte Fläche wird aus drei Flächen zusammengesetzt:

Trapez A_I:
$A_I = \frac{1}{2} \cdot (a+c) \cdot h$
mit $a = 12 \text{ mm}$, $c = 8 \text{ mm}$,
$h = 16 \text{ mm} - (2 \text{ mm} + 4 \text{ mm}) = 10 \text{ mm}$
$A_I = \frac{1}{2} \cdot (12 \text{ mm} + 8 \text{ mm}) \cdot 10 \text{ mm} = 100 \text{ mm}^2 = 1 \text{ cm}^2$

Rechteck A_{II}:
$A_{II} = \ell \cdot b$ mit $\ell = 8 \text{ mm}$, $b = 2 \text{ mm}$
$A_{II} = 8 \text{ mm} \cdot 2 \text{ mm} = 16 \text{ mm}^2$

rechtwinkliges Dreieck A_{III}:
$A_{III} = \frac{1}{2} \cdot g \cdot h$ mit $g = 4 \text{ mm}$, $h = 8 \text{ mm}$
$A_{III} = \frac{1}{2} \cdot 4 \text{ mm} \cdot 8 \text{ mm} = 16 \text{ mm}^2$

Gesamter Flächeninhalt:
$A = A_I + A_{II} + A_{III}$
$A = 100 \text{ mm}^2 + 16 \text{ mm}^2 + 16 \text{ mm}^2 = 132 \text{ mm}^2$

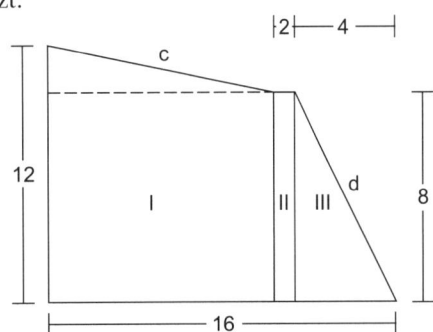

52 a) Die Fläche setzt sich aus den Dreiecksflächen I, III und IV und der Trapezfläche II zusammen.

$A_I = \frac{1}{2} \cdot 14 \text{ m} \cdot 20 \text{ m} = 140 \text{ m}^2$

$A_{II} = \frac{1}{2} \cdot (20 \text{ m} + 24 \text{ m}) \cdot 23 \text{ m} = 506 \text{ m}^2$

$A_{III} = \frac{1}{2} \cdot 12 \text{ m} \cdot 24 \text{ m} = 144 \text{ m}^2$

$A_{IV} = \frac{1}{2} \cdot (14 \text{ m} + 23 \text{ m} + 12 \text{ m}) \cdot 16 \text{ m} = 392 \text{ m}^2$

$A = A_I + A_{II} + A_{III} + A_{IV}$
$A = 140 \text{ m}^2 + 506 \text{ m}^2 + 144 \text{ m}^2 + 392 \text{ m}^2 = 1\,182 \text{ m}^2$

Das Grundstück hat einen Flächeninhalt von $1\,182 \text{ m}^2$.

b) Die unbekannten Streckenlängen werden mithilfe des Satzes des Pythagoras ermittelt.

$\overline{AE}^2 = (14 \text{ m}^2) + (20 \text{ m})^2$
$\overline{AE}^2 = 596 \text{ m}^2$
$\overline{AE} \approx 24,41 \text{ m}$

$\overline{DC}^2 = (12 \text{ m})^2 + (24 \text{ m})^2$
$\overline{DC}^2 = 720 \text{ m}^2$
$\overline{DC} \approx 26,83 \text{ m}$

$\overline{ED}^2 = (23\,m)^2 + (24\,m - 20\,m)^2$

$\overline{ED}^2 = (23\,m)^2 + (4\,m)^2$

$\overline{ED}^2 = 545\,m^2$

$\overline{ED} \approx 23{,}35\,m$

Gesamtlänge des Streckenzuges von A nach C:

$\overline{AE} + \overline{ED} + \overline{DC} = 24{,}41\,m + 23{,}35\,m + 26{,}83\,m = 74{,}59\,m \approx 74{,}6\,m$

Das Zaunstück ist etwa 74,6 m lang.

---

53 a) $3^5 \cdot 3^2 \cdot 3^4 = 3^{5+2+4} = 3^{11}$

$(-2)^3 \cdot (-2)^2 \cdot (-2)^3 = (-2)^{3+2+3} = (-2)^8 = 2^8$

$(x+2)^3 \cdot (x^2 + 4x + 4) = (x+2)^3 \cdot (x+2)^2 = (x+2)^5$

$(x+1)^2 \cdot (x-1) \cdot (x^2 - 1) = (x+1)^2 \cdot (x-1) \cdot (x+1)(x-1) = (x+1)^3 \cdot (x-1)^2$

b) $\dfrac{x^{17}}{x^{12}} = x^{17-12} = x^5$

$\dfrac{(x+1)^3}{x^2 + 2x + 1} = \dfrac{(x+1)^3}{(x+1)^2} = (x+1)^{3-2} = (x+1)^1 = x + 1$

$\dfrac{51x^5 y^{14} z^9}{17 x^7 y^9 z^7} = 3 x^{5-7} \cdot y^{14-9} \cdot z^{9-7} = 3x^{-2} \cdot y^5 \cdot z^2 = \dfrac{3y^5 z^2}{x^2}$

$\dfrac{32 x y^3}{2^4 x^4 y} \cdot \dfrac{64 x^5 y^2}{2^5 \cdot x \cdot y^4} = \dfrac{32}{16} \cdot \dfrac{64}{32} \cdot x^{1+5-4-1} \cdot y^{3+2-1-4} = 2 \cdot 2 \cdot x^1 \cdot y^0 = 4x$

c) $(-3)^4 \cdot (2)^4 \cdot (6)^4 \cdot (-9)^4 = [(-3) \cdot 2 \cdot 6 \cdot (-9)]^4 = (324)^4$

$(x-3)^2 \cdot (3-x)^2 = (x-3)^2 \cdot [-(x-3)]^2 = [-(x-3) \cdot (x-3)]^2 = [-(x-3)^2]^2 = (x-3)^4$

$(a+b)^2 \cdot (a-b)^2 = [(a+b) \cdot (a-b)]^2 = \left(a^2 - b^2\right)^2 = a^4 - 2a^2 b^2 + b^4$

$\left(\dfrac{x^2 y^3}{3}\right)^4 \cdot \left(\dfrac{6}{xy}\right)^4 = \left(\dfrac{x^2 y^3 \cdot 6}{3 \cdot xy}\right)^4 = (2xy^2)^4 = 2^4 x^4 y^8 = 16 x^4 y^8$

d) $\dfrac{\left(x^2 y\right)^4}{\left(xy^2\right)^4} = \left(\dfrac{x^2 y}{xy^2}\right)^4 = \left(\dfrac{x}{y}\right)^4 = \dfrac{x^4}{y^4}$

$\dfrac{(64 a^2 b^3)^3}{(8 b^2 a)^3} = \left(\dfrac{64 a^2 b^3}{8 b^2 a}\right)^3 = (8ab)^3 = 8^3 a^3 b^3 = 512 a^3 b^3$

$\dfrac{(x^2 - xy)^{k-2}}{(2x - 2y)^{k-2}} = \left(\dfrac{x^2 - xy}{2x - 2y}\right)^{k-2} = \left(\dfrac{x(x-y)}{2(x-y)}\right)^{k-2} = \left(\dfrac{x}{2}\right)^{k-2}$

e) $(2^{-3})^5 = 2^{-15}$

$(2 a^3 b^2)^4 \cdot (5 a b^3)^3 = 2^4 a^{12} b^8 \cdot 5^3 a^3 b^9 = 16 \cdot 125 \cdot a^{15} \cdot b^{17} = 2\,000 \cdot a^{15} \cdot b^{17}$

$\left(\dfrac{a^2 b^{-1} c^3}{a^3 b^2 c^{-2}}\right)^2 = \left(a^{-1} \cdot b^{-3} \cdot c^5\right)^2 = a^{-2} \cdot b^{-6} \cdot c^{10} = \dfrac{c^{10}}{a^2 \cdot b^6}$

$\left(\dfrac{x^2 y^{-3}}{x z^{-2}}\right)^{-2} : \left(\dfrac{y^3 z^{-4}}{x^3 y^2}\right)^2 = \dfrac{x^{-4} y^6}{x^{-2} z^4} : \dfrac{y^6 z^{-8}}{x^6 y^4} = \dfrac{x^{-4} y^6}{x^{-2} z^4} \cdot \dfrac{x^6 y^4}{y^6 z^{-8}} = \dfrac{x^{-4} y^6 x^6 y^4}{x^{-2} z^4 y^6 z^{-8}} = \dfrac{x^2 y^{10}}{x^{-2} y^6 z^{-4}} = x^4 y^4 z^4 = (xyz)^4$

54 a) $375\,000\,000\,000\,000\,000 = 3{,}75 \cdot 10^{17}$
$180\,000\,000\,000\,000 = 1{,}8 \cdot 10^{14}$
$0{,}000\,000\,000\,123 = 1{,}23 \cdot 10^{-10}$
$0{,}000\,001\,7 = 1{,}7 \cdot 10^{-6}$

b) Durchmesser der Milchstraße: $d = \dfrac{8 \cdot 10^{17}\text{ km}}{9{,}46 \cdot 10^{12}\text{ km}}$; $d \approx 8{,}5 \cdot 10^{4}$ LJ

c) Da das Raumschiff mit ein Drittel Lichtgeschwindigkeit fliegt, benötigt es dreimal so lang wie das Licht, also $3 \cdot 4{,}17$ Jahre $= 12{,}51$ Jahre.

55 a) $3\,500\,000\,000 \cdot 7\,820\,000 = 35 \cdot 10^{8} \cdot 782 \cdot 10^{4} = 27\,370 \cdot 10^{12}$

b) $15{,}785$ Billionen $: 3{,}85$ Millionen $= 15{,}785 \cdot 10^{12} : (3{,}85 \cdot 10^{6}) = (15{,}785 : 3{,}85) \cdot 10^{6} = 4{,}1 \cdot 10^{6} = 4\,100\,000$

c) $0{,}000\,002\,7 \cdot 0{,}000\,000\,003 = 27 \cdot 10^{-7} \cdot 3 \cdot 10^{-9} = 81 \cdot 10^{-16}$

d) $0{,}077\,\%$ von $6{,}5$ Milliarden $= \dfrac{0{,}077}{100} \cdot 6{,}5 \cdot 10^{9} = \dfrac{77 \cdot 10^{-3}}{10^{2}} \cdot 6{,}5 \cdot 10^{9} = 77 \cdot 10^{-5} \cdot 6{,}5 \cdot 10^{9} = 77 \cdot 6{,}5 \cdot 10^{4}$
$= 500{,}5 \cdot 10^{4} = 5\,005\,000$

56 a) $1\,\text{m} = 10^{2}\,\text{cm}$ $\qquad$ $1\,\text{km} = 10^{3}\,\text{m}$ $\qquad$ $1\,\text{km} = 10^{6}\,\text{mm}$
b) $1\,\text{m}^{2} = 10^{4}\,\text{cm}^{2}$ $\qquad$ $1\,\text{km}^{2} = 10^{6}\,\text{m}^{2}$ $\qquad$ $1\,\text{km}^{2} = 10^{12}\,\text{mm}^{2}$
c) $1\,\text{m}^{3} = 10^{6}\,\text{cm}^{3}$ $\qquad$ $1\,\text{km}^{3} = 10^{9}\,\text{m}^{3}$ $\qquad$ $1\,\text{km}^{3} = 10^{18}\,\text{mm}^{2}$

57 a) $256\,\text{MB} = 2^{8} \cdot 2^{20}\,\text{B} = 2^{28}\,\text{B} \approx 2{,}6844 \cdot 10^{8}\,\text{B} \approx 268 \cdot 10^{6}\,\text{B}$

b) $10 \cdot 700\,\text{MB} = 7 \cdot 10^{3} \cdot 2^{20}\,\text{B} \approx 7\,340\,032 \cdot 20^{3}\,\text{B} \approx 7\,340 \cdot 10^{6}\,\text{B}$

c) $2 \cdot 80\,\text{GB} = 160 \cdot 2^{30}\,\text{B} \approx 1{,}717987 \cdot 10^{11}\,\text{B} \approx 171\,799\,000\,000\,\text{B}$

58 a) $x^{4} = 256$ $\qquad$ b) $x^{2} = 625$ $\qquad$ c) $x^{3} = 343$
$\ x = \pm\sqrt[4]{256}$ $\qquad\ x = \pm\sqrt{625}$ $\qquad\ x = \sqrt[3]{343}$
$\ x = 4;\ x = -4$ $\qquad\ x = 25;\ x = -25$ $\qquad\ x = 7$

d) $x^{3} = -216$ $\qquad$ e) $(x-2)^{3} = 27$ $\qquad$ f) $(x+3)^{2} = 81$
$\ x = -6$ $\qquad\ x - 2 = \sqrt[3]{27}$ $\qquad\ x + 3 = \pm\sqrt{81}$
$\qquad\qquad\ x - 2 = 3$ $\qquad\ x + 3 = \pm 9$
$\qquad\qquad\ x = 5$ $\qquad\ x = 6;\ x = -12$

59 a) $x^{6} - 13 = -5$ $\qquad |+13$ $\qquad\qquad$ b) $3x^{4} = 51$ $\qquad |:3$
$\ x^{6} = 8$ $\qquad\qquad\qquad\qquad\ x^{4} = 17$ $\qquad |\sqrt[4]{\ }$
$\ x^{6} = 2^{3}$ $\qquad |\sqrt[6]{\ }$ $\qquad\qquad\ x \approx 1{,}4142$
$\ x = \sqrt{2}$
$\ x \approx 1{,}4142$

c) $x^{3} = \sqrt{10}$ $\qquad\qquad\qquad\qquad$ d) $\sqrt[4]{x} = 3$ $\qquad |\,^{4}$
$\ x = \sqrt[6]{10}$ $\qquad\qquad\qquad\qquad\ x = 3^{4}$
$\ x \approx 1{,}4678$ $\qquad\qquad\qquad\ x = 81$

e) $\sqrt[3]{2x} = 1{,}52$ $\quad |\ 3$
$\quad 2x = 1{,}52^3 \quad\quad |:2$
$\quad x = \dfrac{1}{2} \cdot 1{,}52^3$
$\quad x \approx 1{,}7559$

f) $\sqrt[3]{x^2} = 1{,}52$
$\quad x^{\frac{2}{3}} = 1{,}52 \quad\quad |\ \frac{3}{2}$
$\quad x = 1{,}52^{\frac{3}{2}}$
$\quad x \approx 1{,}8740$

2 Lineare Funktionen – Lineare Gleichungssysteme

60 a) $y = 3x$

x	−4	−3	−2	−1	0	1	2	3	4
y	−12	−9	−6	−3	0	3	6	9	12

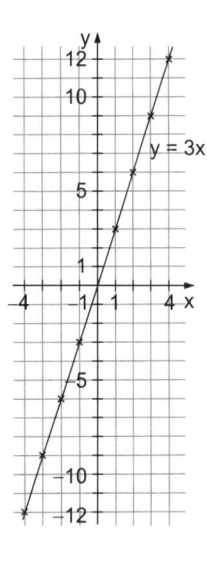

b) $y = -\frac{1}{3}x$

x	−4	−3	−2	−1	0	1	2	3	4
y	1,33	1	0,67	0,33	0	−0,33	−0,67	−1	−1,33

Hinweis: Die Werte sind gegebenenfalls gerundet.

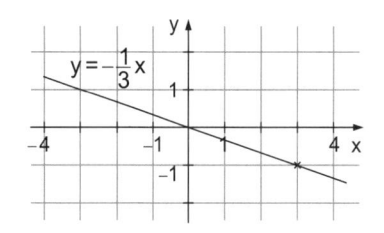

c) $3x - 4y = 0 \Leftrightarrow y = \frac{3}{4}x$

x	−4	−3	−2	−1	0	1	2	3	4
y	−3	−2,25	−1,5	−0,75	0	0,75	1,5	2,25	3

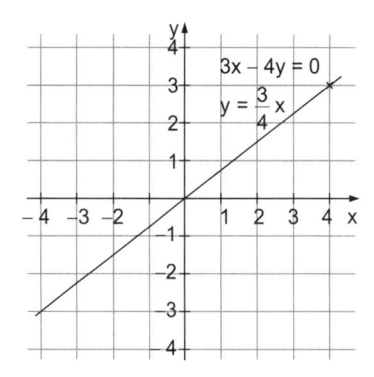

d) $y = |x|$ $\begin{cases} y = +x & \text{für} \quad x > 0 \\ y = 0 & \text{für} \quad x = 0 \\ y = -x & \text{für} \quad x < 0 \end{cases}$

x	−4	−3	−2	−1	0	1	2	3	4
y	4	3	2	1	0	1	2	3	4

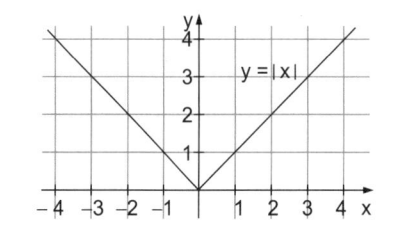

61 g: $y = \dfrac{3}{2}x$ Wir setzen die Koordinaten der Punkte in die Funktionsgleichung von g ein.

A(6 | 9)	B(−5 | −7,5)	C(4 | −6)	D(−4 | −6)	E(0,5 | 0,75)
$9 = \dfrac{3}{2} \cdot 6$	$-7,5 = \dfrac{3}{2} \cdot (-5)$	$-6 = \dfrac{3}{2} \cdot 4$	$-6 = \dfrac{3}{2} \cdot (-4)$	$0,75 = \dfrac{3}{2} \cdot 0,5$
$9 = 9$ (w)	$-7,5 = -7,5$ (w)	$-6 = 6$ (f)	$-6 = -6$ (w)	$0,75 = 0,75$ (w)
$A \in g$	$B \in g$	$C \notin g$	$D \in g$	$E \in g$

62 Wir setzen die Koordinaten der Punkte in die Funktionsgleichung $y = m \cdot x$ ein und berechnen die Steigung m.

a) P(−4,5 | 3)
$3 = m \cdot (-4,5)$
$m = -\dfrac{2}{3}$
$g_1: y = -\dfrac{2}{3}x$
$P \in g_1$

b) Q(6 | 4,5)
$4,5 = m \cdot 6$
$m = \dfrac{3}{4}$
$g_2: y = \dfrac{3}{4}x$
$Q \in g_2$

63 Wir setzen die Steigung m und die Koordinaten der Punkte in die Funktionsgleichung $y = m \cdot x + t$ ein und berechnen den Achsenabschnitt t.

a) $-3 = -\dfrac{1}{2} \cdot 2 + t \Rightarrow t = -2$
$g: y = -\dfrac{1}{2}x - 2$

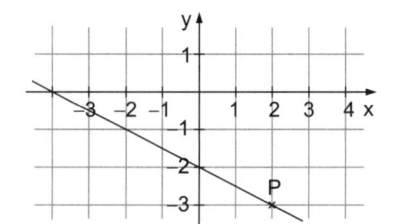

b) $1 = \dfrac{4}{3} \cdot (-3) + t \Rightarrow t = 5$
$g: y = \dfrac{4}{3}x + 5$

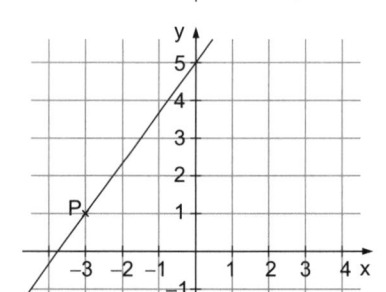

c) $-2 = -2 \cdot 5 + t \Rightarrow t = 8$
$g: y = -2x + 8$

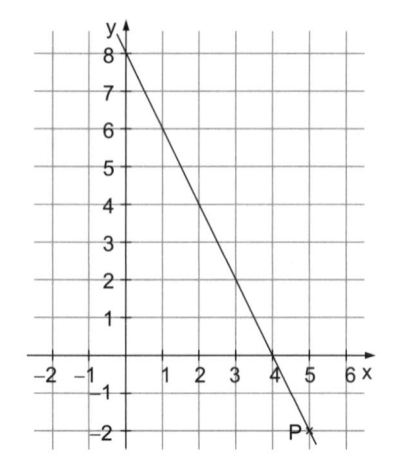

64 Wir setzen die Koordinaten der Punkte jeweils in die Funktionsgleichung ein.

a) $-7 = 2 \cdot (-2) - 3$

$-7 = -7$ (w)

$P \in g$

b) $5 = -\dfrac{2}{3} \cdot (-5) + \dfrac{5}{3}$

$5 = \dfrac{15}{3}$ (w)

$P \in g$

c) $-1 = -\dfrac{3}{2} \cdot 2 + 3$

$-1 = 0$ (f)

$P \notin g$

---

65 a) Schnittpunkt S mit der x-Achse: $y = 0$

$0 = -\dfrac{3}{2}x + 3 \quad |+\dfrac{3}{2}x \quad |\cdot\dfrac{2}{3}$

$x = 2$

$S(2|0)$

Steigungsdreieck:

$m = -\dfrac{3}{2}$

$m = \dfrac{-3}{2}$

$\Delta x = 2$ und $\Delta y = -3$

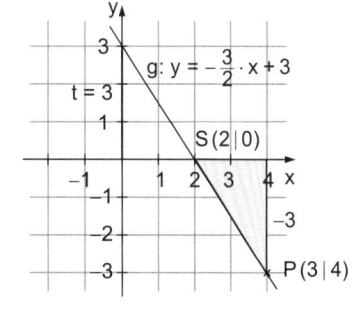

b) y-Achsenabschnitt: $t = 3$
Geradenpunkt:
$x = 4$ (beliebig)

$y = -\dfrac{3}{2} \cdot 4 + 3$

$y = -3$

$P(4|-3) \in g$

---

66 Wir setzen die Koordinaten der Punkte A und B jeweils in die Funktionsgleichung $y = mx + t$ ein und berechnen aus der Gleichung m und t.

a) $A(-4|-2):\quad -2 = -4m + t \qquad$ Gleichung nach t aufgelöst

$\qquad\qquad\qquad t = -2 + 4m$

$B(6|8):\qquad 8 = 6m + t \qquad$ Term $-2 + 4m$ in der zweiten Gleichung für t eingesetzt

$\qquad\qquad\quad 8 = 6m - 2 + 4m$

$\qquad\qquad\quad 10 = 10m$

$\qquad\qquad\quad m = 1$

$\qquad\qquad\quad t = -2 + 4 \cdot 1 \qquad$ 1 für m in die erste Gleichung eingesetzt

$\qquad\qquad\quad t = 2$

Funktionsgleichung der Geraden g: $y = x + 2$

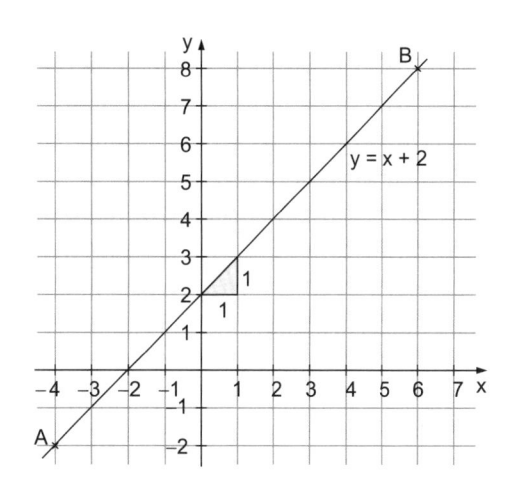

b) $A(2|-2)$: $-2 = 2m + t$ Erste Gleichung nach t aufgelöst
$\quad\quad\quad\quad t = -2 - 2m$

$B(8|6)$: $6 = 8m + t$ Term $-2 - 2m$ in der zweiten Gleichung für t eingesetzt
$\quad\quad\quad 6 = 8m - 2 - 2m$
$\quad\quad\quad 8 = 6m$
$\quad\quad\quad m = \dfrac{4}{3}$

$\quad\quad\quad t = -2 - 2 \cdot \dfrac{4}{3}$ $\dfrac{4}{3}$ für m in die erste Gleichung eingesetzt

$\quad\quad\quad t = -\dfrac{14}{3}$

Funktionsgleichung der Geraden g: $y = \dfrac{4}{3}x - \dfrac{14}{3}$

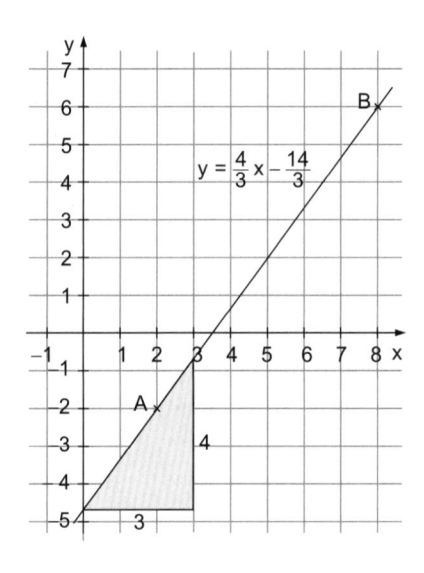

67 $A(2|6)$
$6 = 2m + t$ nach t aufgelöst
$t = 6 - 2m$

$B(8|2)$
$2 = 8m + t$

Term für t in die zweite Gleichung eingesetzt:
$2 = 8m + 6 - 2m$
$2 = 6m + 6$ $|-6$
$6m = -4$ $|:6$
$m = -\dfrac{2}{3}$

In den Term für t eingesetzt:
$t = 6 - 2 \cdot \left(-\dfrac{2}{3}\right)$
$t = 6 + \dfrac{4}{3}$
$t = 7\dfrac{1}{3}$

Funktionsgleichung der Geraden g: $y = -\dfrac{2}{3}x + 7\dfrac{1}{3}$

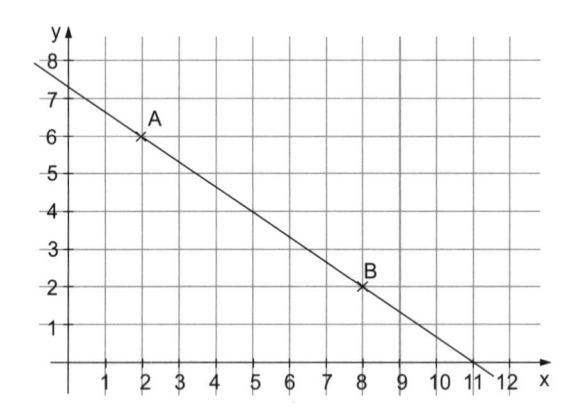

68 a) I $3x - 4y = 16$
II $5x + 2y = 44$ $\quad |\cdot 2$

I $3x - 4y = 16$
II' $10x + 4y = 88$ $\quad |$ Additionsverfahren
$\quad\quad 13x = 104$ $\quad |:13$
$\quad\quad\quad x = 8$ $\quad |$ In die 1. Gleichung einsetzen
$\quad 3\cdot 8 - 4y = 16$ $\quad |-24$
$\quad\quad -4y = -8$ $\quad |:(-4)$
$\quad\quad\quad y = 2$

$L = \{(8|2)\}$

b) I $2x - 3y = -15$
II $x - 1{,}5y = 1{,}5$ $\quad |\cdot(-2)$

I $2x - 3y = -15$
II' $-2x + 3y = -3$ $\quad |$ Additionsverfahren
$\quad\quad 0 = -18$ $\quad |$ Dies ist eine falsche Aussage.

Das Gleichungssystem hat keine Lösung. $L = \emptyset$

Da das Gleichungssystem keine Lösung hat, müssen die beiden durch die Gleichungen beschriebenen Geraden parallel sein.

Lösen wir beide Gleichungen des Systems nach y auf, so erhalten wir:

$2x - 3y = -15 \Rightarrow y = \dfrac{2}{3}x + 5 \quad (g_1)$

$x - 1{,}5y = 1{,}5 \Rightarrow y = \dfrac{2}{3}x - 1 \quad (g_2)$

g_1 und g_2 haben die gleiche Steigung $m = \dfrac{2}{3}$, aber verschiedene y-Achsenabschnitte ($t_1 = 5$; $t_2 = -1$), sind also parallel.

c) I $2x - 4y = -10$ $\quad |-2x \quad |:(-4)$ $\quad\quad$ Da die 2. Gleichung nach y aufgelöst
II $\quad\quad y = 2x - 4$ $\quad\quad\quad\quad\quad\quad\quad\quad\quad$ vorliegt, lösen wir die 1. Gleichung
$\quad\quad\quad\quad\quad\quad\quad\quad\quad\quad\quad\quad\quad\quad\quad\quad\quad\quad$ ebenfalls nach y auf.

I' $y = \dfrac{1}{2}x + \dfrac{5}{2}$
II $y = 2x - 4$ $\quad |$ Gleichsetzungsverfahren

$2x - 4 = \dfrac{1}{2}x + \dfrac{5}{2}$ $\quad |-\dfrac{1}{2}x + 4$

$\dfrac{3}{2}x = \dfrac{13}{2}$ $\quad |\cdot\dfrac{2}{3}$

$x = \dfrac{13}{3}$

$y = 2\cdot\dfrac{13}{3} - 4$ $\quad |$ Für x in der 2. Gleichung $\dfrac{13}{3}$ eingesetzt

$y = \dfrac{26}{3} - \dfrac{12}{3}$

$y = \dfrac{14}{3}$

$L = \left\{\left(\dfrac{13}{3}\,\bigg|\,\dfrac{14}{3}\right)\right\}$

69

1. Zahl:	x
2. Zahl:	y
Summe der Zahlen:	$x+y$
Differenz der Zahlen:	$x-y$
Aufstellen der Gleichungen:	$x+y=-1$
	$x-y=7$
Addieren beider Gleichungen:	$2x=6 \quad |:2$
	$x=3$
In die erste Gleichung eingesetzt:	$3+y=-1 \quad |-3$
	$y=-4$

$L=\{(3\,|-4)\}$

Die beiden Zahlen heißen 3 und -4.

70

1. Zahl:	x
2. Zahl:	y
Aufstellen der Gleichungen:	$3x+y=13$
	$x-2y=23$
Die erste Gleichung nach y auflösen:	$y=13-3x \quad |:2$
und in die zweite Gleichung einsetzen:	$x-2\cdot(13-3x)=23$
	$x-26+6x=23$
	$7x-26=23 \quad |+26$
	$7x=49 \quad |:7$
	$x=7$
	$y=13-3\cdot 7$
	$y=-8$

$L=\{(7\,|-8)\}$

Die beiden Zahlen heißen 7 und -8.

71

1. Säure hat Schwefelsäureanteil x %
2. Säure hat Schwefelsäureanteil y %

Aufstellen der Gleichungen:

$x\cdot 400+y\cdot 600=39\cdot 1\,000$

$x\cdot 200+y\cdot 800=32\cdot 1\,000 \quad |\cdot(-2)$

$400x+600y=39\,000$

$-400x-1\,600y=-64\,000$

$-1\,000y=-25\,000 \quad |:(-1\,000)$

$y=25$

eingesetzt in die zweite Gleichung: $200x+20\,000=32\,000$

$200x=12\,000$

$x=60$

Die erste Schwefelsäure ist 60 %ig, die zweite 25 %ig.

72 1. Essigsäure hat Säureanteil x %.
2. Essigsäure hat Säureanteil y %.
Aufstellen der Gleichungen:

$150x + 250y = (150 + 250) \cdot 18{,}5$ \qquad (1)
$250x + 150y = (250 + 150) \cdot 17{,}5$ \qquad (2)
$150x + 250y = 7\,400$ \qquad $|\,:50$ \qquad (3)
$250x + 150y = 7\,000$ \qquad $|\,:50$ \qquad (4)
$3x + 5y = 148$ \qquad $|\cdot 3$ \qquad (5)
$5x + 3y = 140$ \qquad $|\cdot(-5)$ \qquad (6)
$9x + 15y = 444$ \qquad (7)
$-25x - 15y = -700$ \qquad (8)

Addieren beider Gleichungen:
$-16x = -256$
$x = 16$

eingesetzt in (5):
$3 \cdot 16 + 5y = 148$
$48 + 5y = 148$ \qquad $|-48$
$5y = 100$ \qquad $|\,:5$
$y = 20$

Die erste Essigsäure ist 16 %ig, die zweite ist 20 %ig.

---

73 Erste Rechteckseite: $\quad x$ (cm)
zweite Rechtecksseite: $\quad x + 4$ (cm)
Umfang $\quad u = 2 \cdot x + 2 \cdot (x + 4)$
Aufstellen der Gleichung: $\quad 2 \cdot x + 2 \cdot (x + 4) = 36$
$4x + 8 = 36$ \qquad $|-8$
$4x = 28$ \qquad $|\,:4$
$x = 7$

Die eine Seite des Rechtecks ist 7 cm lang, die andere 11 cm.

---

74 Basis: $\quad x$ (cm)
Schenkel $\quad x - 15$ (cm)
Umfang $\quad u = x + 2 \cdot (x - 15); \quad u = 120\,\text{cm}$
$x + 2 \cdot (x - 15) = 120$
$x + 2x - 30 = 120$ \qquad $|+30$
$3x = 150$ \qquad $|\,:3$
$x = 50$

Die Basis des gleichschenkligen Dreiecks ist 50 cm lang, die beiden Schenkel sind jeweils 35 cm lang.

75 Fahrzeit des ersten Autos bis zum Treffpunkt → x

Weg des ersten Autos von Ort A bis zum Treffpunkt → y

	10.00 Uhr	Treffpunkt	11.30 Uhr
Zeit	x		$x_0 = 1,5$ h
Geschwindigkeit	$v_1 = 90 \frac{km}{h}$		$v_2 = 75 \frac{km}{h}$
Weg	$v_1 \cdot x$		$v_2 \cdot (x - 1,5\,h)$
	Auto 1	T	Auto 2
	← y →		← 360 km − y →
		← 360 km →	

Aus der Zeichnung können wir die von beiden Autos bis zum Treffpunkt zurückgelegten Wege ablesen:

Auto 1: $y = 90 \frac{km}{h} \cdot x$

Auto 2: $360\,km - y = 75 \frac{km}{h} \cdot (x - 1,5\,h)$

Dies ist ein lineares Gleichungssystem für die beiden Variablen x und y.
Wir lösen die zweite Gleichung ebenfalls nach y auf und erhalten:

I: $y = 90 \frac{km}{h} \cdot x$

II: $y = -75 \frac{km}{h} \cdot x + 472,5\,km$ | Gleichsetzungsverfahren

$90 \frac{km}{h} \cdot x = -75 \frac{km}{h} \cdot x + 472,5\,km$ | $+75 \frac{km}{h}$

$165 \frac{km}{h} \cdot x = 472,5\,km$ | $:165 \frac{km}{h}$

$x \approx 2,86\,h \,\hat{=}\, 2\,h\ 52\,min$

$y = 90 \frac{km}{h} \cdot 2,86\,h$

$y = 257,4\,km$

Um 12.52 Uhr und 257,4 km von A entfernt begegnen sich beide Fahrzeuge. Der Fahrer des zweiten Autos hat in 1 h 22 min (von 11.30 Uhr bis 12.52 Uhr) 102,6 km bis zum Treffpunkt zurückgelegt.

---

76 a) Skizze:

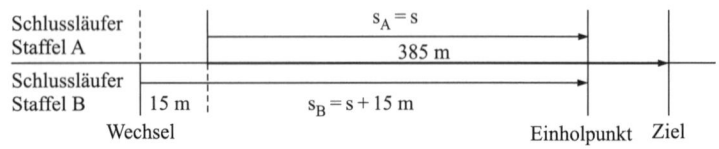

Schlussläufer Staffel A		$s_A = s$		
		385 m		
Schlussläufer Staffel B	15 m	$s_B = s + 15$ m		
	Wechsel		Einholpunkt	Ziel

Die von beiden Schlussläufern vom Wechsel der Staffel B bis zum Einholpunkt zurückgelegten Wege können aus der Zeichnung abgelesen werden. Wenn der Läufer A für den Weg vom Wechsel der Staffel B bis zum Einholpunkt t Sekunden benötigt, dann legt der Läufer B in derselben Zeitspanne von t Sekunden einen um 15 m längeren Weg zurück.

I: $s = \frac{400\,m}{47,8\,s} \cdot t$ (Staffel A)

II: $s + 15\,m = \frac{400\,m}{45,7\,s} \cdot t$ (Staffel B)

Einsetzen der Gleichung I in Gleichung II ergibt:

$\frac{400\,m}{47,8\,s} \cdot t + 15\,m = \frac{400\,m}{45,7\,s} \cdot t$ | $\cdot 47,8\,s \cdot 45,7\,s$

$400\,m \cdot t \cdot 45,7\,s + 15\,m \cdot 47,8\,s \cdot 45,7\,s = 400\,m \cdot t \cdot 47,8\,s$ | $:400\,m$

$45,7\,s \cdot t + \frac{15\,m \cdot 47,8\,s \cdot 45,7\,s}{400\,m} = 47,8\,s \cdot t$ | $-45,7\,s \cdot t$

$2,1\,s \cdot t = \frac{15\,m \cdot 47,8\,s \cdot 45,7\,s}{400\,m}$ | $:2,1\,s$

$t \approx 39,01\,s$

Einsetzen von t in Gleichung I:
$$s = \frac{400 \text{ m}}{47,8 \text{ s}} \cdot 39,01 \text{ s} \approx 326,4 \text{ m}$$

Nach 326,4 m, d. h. 385 m − 326,4 m = 58,6 m vor dem Ziel, wird der Schlussläufer der Staffel A vom Schlussläufer der Staffel B eingeholt und überholt.

b) Die beiden Schlussläufer erreichen das Ziel gleichzeitig, wenn der Läufer A für die 385 m, die er noch bis ins Ziel zurücklegen muss, die gleiche Zeit braucht, die der Läufer B für seine 400 m bis zum Ziel benötigt, also 45,7 s. Damit kann nun berechnet werden, wie lange Läufer A für die 400 m brauchen darf.

Bezeichnet man mit v_{neu} die erhöhte Geschwindigkeit des Schlussläufers von Staffel A, so gilt:

I: $385 \text{ m} = v_{neu} \cdot 45,7 \text{ s} \quad \rightarrow \quad v_{neu} = \dfrac{385 \text{ m}}{45,7 \text{ s}}$ (Läufer A auf 385 m)

II: $400 \text{ m} = v_{neu} \cdot t$ (Läufer A auf 400 m)

Einsetzen des aus Gleichung I erhaltenen Werts für v_{neu} in Gleichung II:

$$400 \text{ m} = \frac{385 \text{ m}}{45,7 \text{ s}} \cdot t \quad \Big| \cdot \frac{45,7 \text{ s}}{385 \text{ m}}$$

$$t = \frac{400 \text{ m} \cdot 45,7 \text{ s}}{385 \text{ m}}$$

$t \approx 47,5 \text{ s}$ 400-m-Zeit von Läufer A

Damit Staffel A gerade noch gewinnt, muss der Schlussläufer seine 400 m in etwas weniger als 47,5 s laufen.

3 Quadratische Funktionen und Gleichungen

77 Setze die Koordinaten der Punkte für x und y in die Gleichung $y = a \cdot x^2$ ein und berechne aus der so entstandenen Gleichung den Koeffizienten a.

a) $P(2|-2)$
$-2 = a \cdot 2^2$
$a = -\dfrac{1}{2}$
$y = -\dfrac{1}{2} \cdot x^2$

b) $Q(-5|12,5)$
$12,5 = a \cdot (-5)^2$
$a = \dfrac{1}{2}$
$y = \dfrac{1}{2} \cdot x^2$

c) $A(-2,5|-18,75)$
$-18,75 = a \cdot (2,5)^2$
$a = -3$
$y = -3 \cdot x^2$

d) $B(2|-4)$
$-4 = a \cdot 2^2$
$a = -1$
$y = -x^2$

e) $C(8|16)$
$16 = a \cdot 8^2$
$a = \dfrac{1}{4}$
$y = \dfrac{1}{4} \cdot x^2$

78

Faktor	Öffnung	Form der Parabel	Beispiel
a > 1	nach oben	schmaler als Normalparabel	$y = 2x^2$
a = 1	nach oben	Normalparabel	$y = x^2$
0 < a < 1	nach oben	breiter als Normalparabel	$y = \dfrac{1}{3} \cdot x^2$
−1 < a < 0	nach unten	breiter als Normalparabel	$y = -\dfrac{1}{2} \cdot x^2$
a = −1	nach unten	Normalparabel	$y = -x^2$
a < −1	nach unten	schlanker als Normalparabel	$y = -2 \cdot x^2$

79 $s = 0,042 \cdot v^2$ (s in m; v in $\frac{km}{h}$)

a)

v in $\frac{km}{h}$	0	30	60	90	120	150	180	210	240
s in m	0	37,8	151	340	605	945	1 361	1 852	2 419

Hinweis: Die Werte sind ggf. gerundet

b) $v_1 = 40 \frac{km}{h} \Rightarrow s_1 = 70\ m$

$v_2 = 200 \frac{km}{h} \Rightarrow s_2 = 1\,700\ m$

c) $s_1 = 0{,}042 \cdot 40^2$ $\qquad\qquad\qquad\qquad s_2 = 0{,}042 \cdot 200^2$
   $s_1 = 67{,}2\ m$ $\qquad\qquad\qquad\qquad\qquad s_2 = 1\,680\ m$

80 $s = a \cdot v^2$ (s in m; v in $\frac{km}{h}$)

a) $v = 90 \frac{km}{h};\ s = 81\ m$

$81\ m = a \cdot 90^2 \frac{km^2}{h^2}$

$a = 0{,}01 \frac{m \cdot h^2}{km^2}$

b) $s = 0{,}01 \cdot v^2$

v in $\frac{km}{h}$	50	60	80	100	130
s in m	25	36	64	100	169

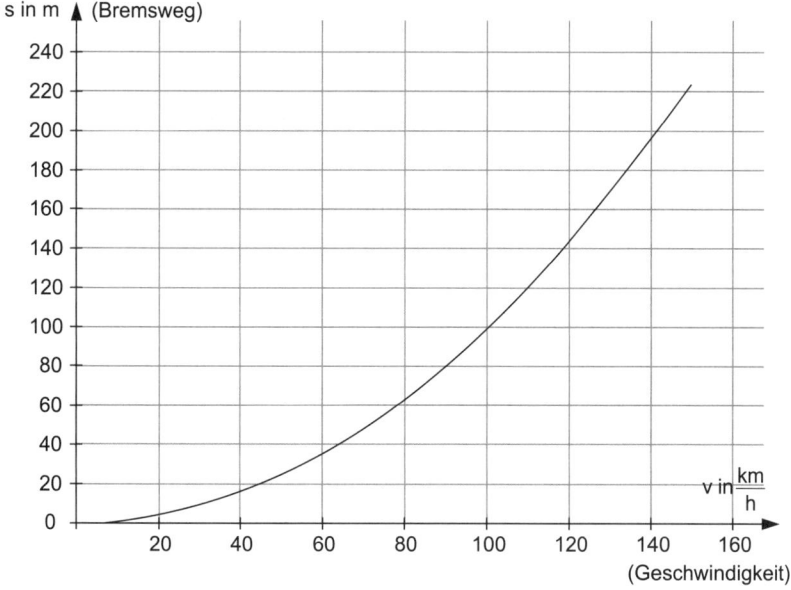

c) s in m (Bremsweg) vs. v in $\frac{km}{h}$ (Geschwindigkeit)

81

	x	−5	−4	−3	−2	−1	0	1	2	3	4	5
a)	$y = x^2 - 3$	22	13	6	1	−2	−3	−2	1	6	13	22
b)	$y = x^2 + 5$	30	21	14	9	6	5	6	9	14	21	30
c)	$y = x^2 - 6$	19	10	3	−2	−5	−6	−5	−2	3	10	19

a) $y = x^2 - 3$

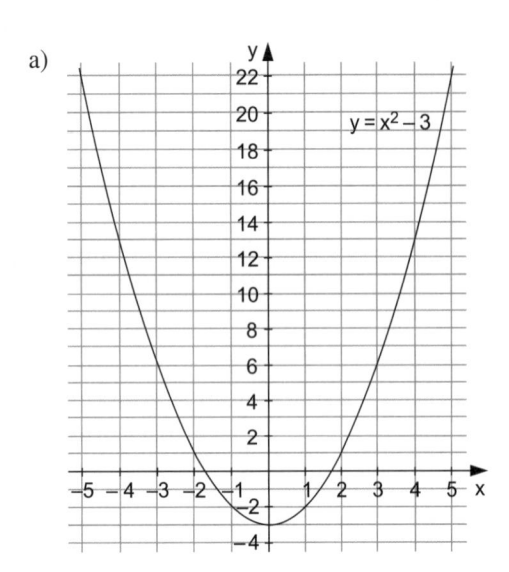

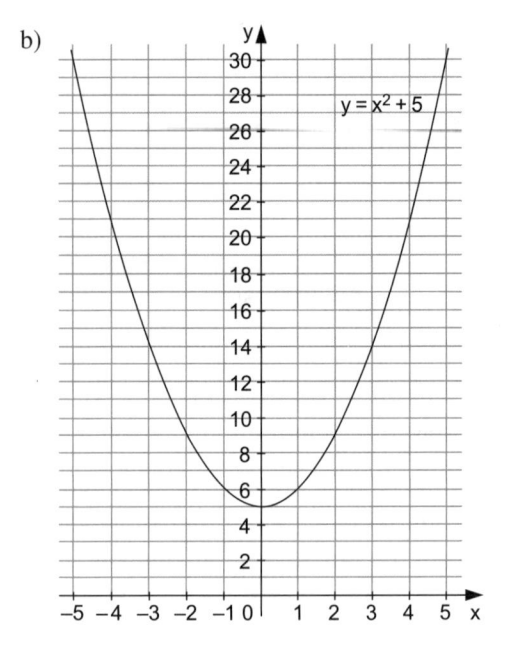

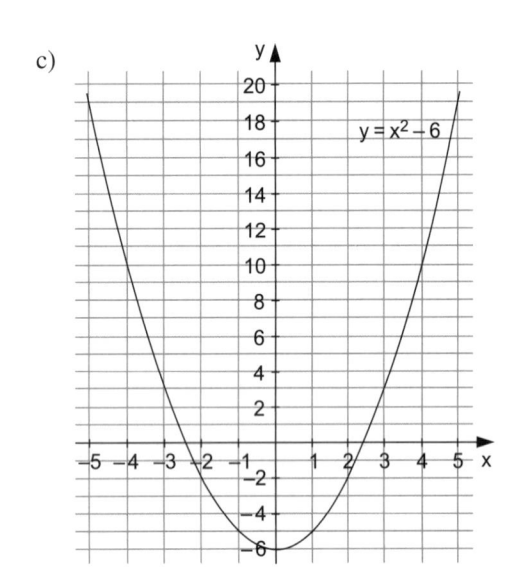

b) $y = x^2 + 5$

c) $y = x^2 - 6$

82 Die verschobene (Normal-) Parabel hat die Funktionsgleichung $y = 1 \cdot x^2 + q$.
P(−2 | 6):
$6 = 1 \cdot (-2)^2 + q$
$6 = 4 + q$
$q = 2$
Funktionsgleichung: $f: y = x^2 + 2$

83 Setze die Koordinaten des Punktes Q für x und y in die Gleichung $y = x^2 + q$ ein. Du erhältst eine lineare Gleichung.
Q(−2 | −3): $-3 = (-2)^2 + q$
$ -3 = 4 + q \quad | -4$
$ -7 = q$

Funktionsgleichung: $f: y = x^2 - 7$

84 $y = x^2 + q$

a) $q = 2$
   f: $y = x^2 + 2$

b) $q = -8$
   f: $y = x^2 - 8$

c) $q = -4$
   f: $y = x^2 - 4$

d) $q = 4$
   f: $y = x^2 + 4$

85

x	−5	−4	−3	−2	−1	0	1	2	3	4	5
a) $y = (x+1)^2$	16	9	4	1	0	1	4	9	16	25	36
b) $y = (x-2)^2$	49	36	25	16	9	4	1	0	1	4	9
c) $y = \left(x - \dfrac{3}{2}\right)^2$	42,25	30,25	20,25	12,25	6,25	2,25	0,25	0,25	2,25	6,25	12,25

a) $y = (x+1)^2$

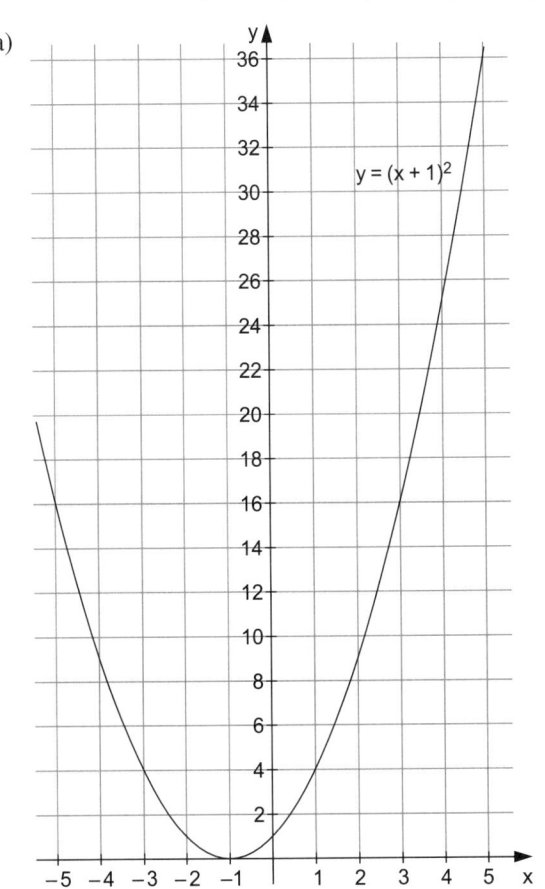

b) $y = (x-2)^2$

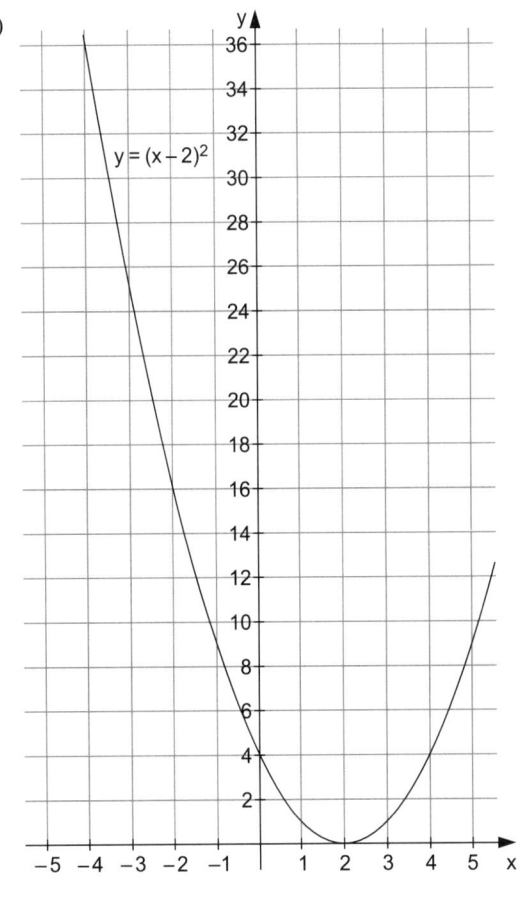

c)

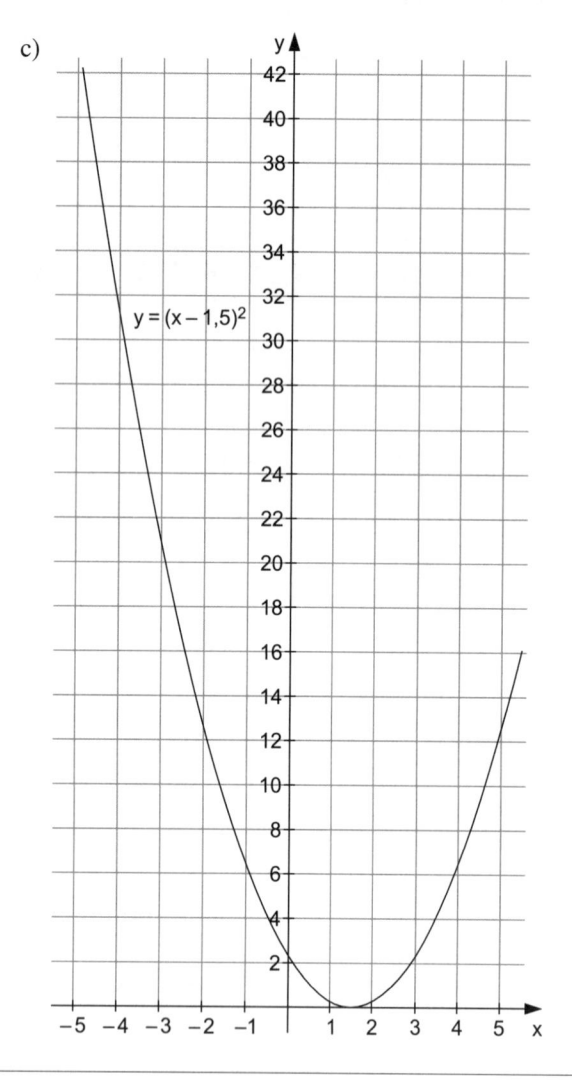

[Graph showing parabola $y = (x-1{,}5)^2$]

86 $y = (x-m)^2$

Da die Gerade g: x = 4 Symmetrieachse der Parabel ist, muss m = 4 sein.

Funktionsgleichung: $y = (x-4)^2$

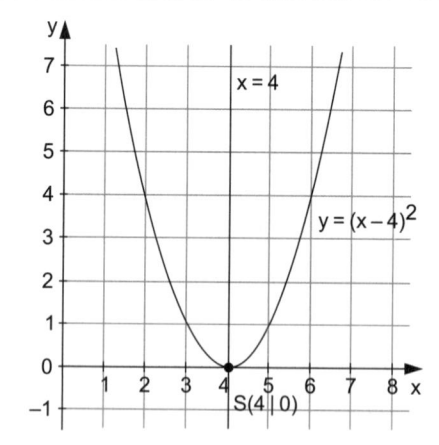

[Graph showing parabola $y = (x-4)^2$ with axis x = 4 and vertex S(4|0)]

87 a) m = −3

Funktionsgleichung $y = (x+3)^2$

b) m = 5

Funktionsgleichung $y = (x-5)^2$

88 Streckung mit $a = -2$: $\qquad\qquad y = -2x^2$
Scheitel: $\qquad\qquad\qquad\qquad\qquad$ $S(0\,|\,0)$
Symmetrieachse: $\qquad\qquad\qquad$ $x = 0$ (y-Achse)
$D = \mathbb{R}$
$W = \{y \,|\, y \leq 0\}_\mathbb{R}$

---

89 Der Scheitel $S(m\,|\,n)$ liegt auf der Symmetrieachse $g: x = 3$:
$m = 3 \;\Rightarrow\;$ Funktionsgleichung $y = (x-3)^2 + n$
$P(2\,|\,-1):\; -1 = (2-3)^2 + n$
$\qquad\qquad\quad -1 = 1 + n \qquad |-1$
$\qquad\qquad\quad -2 = n$
Funktionsgleichung:
$y = (x-3)^2 - 2$
Scheitel:
$x_S = 3;\; y_S = -2 \;\Rightarrow\; S(3\,|\,-2)$

---

90 Scheitel $S(m\,|\,n)$ und Funktionsgleichung $y = (x-m)^2 + n$:
$m = -3;\; n = -1$
Die Funktionsgleichung lautet:
$f:\; y = (x-(-3))^2 + (-1)$
$\quad\; y = (x+3)^2 - 1$
$\quad\; y = x^2 + 6x + 9 - 1$
$\quad\; y = x^2 + 6x + 8$

---

91 a) $f_1: y = x^2 - 8x + 8$
$\qquad y = (x-4)^2 - 16 + 8 \qquad$ Quadratische Ergänzung
$\qquad y = (x-4)^2 - 8 \qquad\qquad\;$ Scheitel $S(4\,|\,-8)$
$\qquad D = \mathbb{R}$
$\qquad W = \{y\,|\,y \geq -8\}_\mathbb{R}$

b) $f_2: y = x^2 + x - 1$
$\qquad y = x^2 + x + \dfrac{1}{4} - 1 - \dfrac{1}{4} \qquad$ Quadratische Ergänzung
$\qquad y = \left(x + \dfrac{1}{2}\right)^2 - \dfrac{5}{4} \qquad\quad$ Scheitel $S\left(-\dfrac{1}{2}\,\Big|\,-\dfrac{5}{4}\right)$
$\qquad D = \mathbb{R}$
$\qquad W = \left\{y\,\Big|\,y \geq -\dfrac{5}{4}\right\}_\mathbb{R}$

Wertetabellen:

		x	-2	-1	0	1	2	3	4	5	6	7
a)	f_1	y	28	17	8	1	-4	-7	-8	-7	-4	1
b)	f_2	y	1	-1	-1	1	5	11	19			

Grafen zu a) und b):

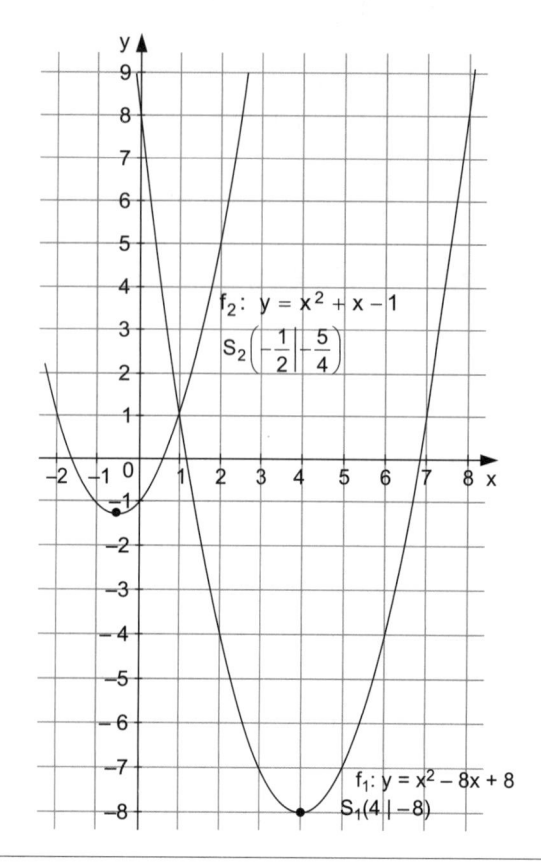

[Graph showing two parabolas: $f_2: y = x^2 + x - 1$ with $S_2\left(-\frac{1}{2}\left|-\frac{5}{4}\right.\right)$ and $f_1: y = x^2 - 8x + 8$ with $S_1(4|-8)$]

92 $P_1(2|-3)$: $-3 = 2^2 + 2p + q$ $|\cdot(-1)$
      $P_2(6|5)$: $\underline{5 = 6^2 + 6p + q}$

 $3 = -4 - 2p - q$ | Additionsmethode
 $\underline{5 = 36 + 6p + q}$
 $8 = 32 + 4p$ $\Rightarrow 4p = -24$
 $p = -6$

$-3 = 4 + 2\cdot(-6) + q$ | Für p wird in der 1. Gleichung -6 eingesetzt
$-3 - 4 + 12 = q \Rightarrow q = 5$

Funktionsgleichung f:

$y = x^2 - 6x + 5$

Parabelscheitel:

$x_S = -\dfrac{-6}{2}$ $x_S = 3$

$y_S = 5 - \dfrac{(-6)^2}{4}$ $y_S = -4$ $\Bigg\}$ $S(3|-4)$

---

93   a) $f_1: y = x^2 + 8x + 15,5$

 $y = x^2 + 8x + \left(\dfrac{8}{2}\right)^2 + 15,5 - \left(\dfrac{8}{2}\right)^2$ Quadratische Ergänzung

 $y = (x+4)^2 + 15,5 - 16$

$f_1: y = (x+4)^2 - 0,5$

Scheitel:

$S(-4|-0,5)$

Symmetrieachse:
$x = -4$
$D = \mathbb{R}$
$W = \left\{ y \mid y \geq -\dfrac{1}{2} \right\}$

Die Parabel geht aus der Normalparabel durch Verschieben um 4 Einheiten nach links und 0,5 Einheiten nach unten hervor.

b) f_2: $y = x^2 + 12x - 14$
$y = x^2 + 12x + 36 - 14 - 36$ \qquad Quadratische Ergänzung
f_2: $y = (x + 6)^2 - 50$

Scheitel:
$S(-6 \mid -50)$

Symmetrieachse:
$x = -6$
$D = \mathbb{R}$
$W = \{ y \mid y \geq -50 \}$

Die Parabel erhält man aus der Normalparabel durch Verschieben um 6 Einheiten nach links und 50 Einheiten nach unten.

94 $\quad p_2$: $y = (x - x_S)^2 + y_S$
$S(-1 \mid -2)$
p_2: $y = (x + 1)^2 - 2$

p_1: $y = (x - x_S)^2 + y_S$
$S(4 \mid 3)$
p_1: $y = (x - 4)^2 + 3$

95 a) $\quad 2x^2 - 98 = 0 \quad \mid +98 \quad \mid :2$
$ x^2 = 49$
$ x = \pm\sqrt{49}$
$x_1 = 7; \ x_2 = -7$

b) $\quad 3x^2 - \dfrac{108}{169} = 0 \quad \left| +\dfrac{108}{169} \right. \quad \mid :3$
$\phantom{3x^2 - \dfrac{108}{169} = 0} x^2 = \dfrac{36}{169}$
$\phantom{3x^2 - \dfrac{108}{169} = 0} x = \pm\sqrt{\dfrac{36}{169}}$
$x_1 = \dfrac{6}{13}; \ x_2 = -\dfrac{6}{13}$

c) $\quad (x-2)^2 + 12x = -3x^2 + (x+4)^2$
$ x^2 - 4x + 4 + 12x = -3x^2 + x^2 + 8x + 16 \quad \mid +2x^2 - 8x - 4$
$ 3x^2 = 12 \quad\qquad\qquad\qquad\qquad \mid :3$
$ x^2 = 4$
$ x = \pm\sqrt{4}$
$x_1 = 2; \ x_2 = -2$

d) $(x-2)^2 + 12(x-1) = -3x^2 + (x+4)^2$
$x^2 - 4x + 4 + 12x - 12 = -3x^2 + x^2 + 8x + 16 \quad |+2x^2 - 8x + 8$
$\qquad\qquad\qquad 3x^2 = 24 \qquad\qquad\qquad\qquad |:3$
$\qquad\qquad\qquad\ x^2 = 8$
$\qquad\qquad\qquad\ \ x = \pm\sqrt{8}$
$x_1 = +\sqrt{8}; \ x_2 = -\sqrt{8}$

e) $5x^2 + 45 = 0 \quad |-45 \quad |:5$
$\qquad x^2 = -9$
$\qquad\ x = \pm\sqrt{-9}$
Es gibt keine reelle Lösung.

f) $5 - (x-3)^2 = 3(2x-1)$
$5 - x^2 + 6x - 9 = 6x - 3 \quad |-6x + 4$
$\qquad\quad -x^2 = 1 \qquad\quad |\cdot(-1)$
$\qquad\quad\ \ x^2 = -1$
$\qquad\qquad\ x = \pm\sqrt{-1}$
Es gibt keine reelle Lösung.

g) $\dfrac{x+5}{25} = \dfrac{3}{x-5} \quad |\cdot 25 \cdot (x-5) \qquad D = \{x \mid x \neq 5\}$
$(x+5)(x-5) = 3 \cdot 25$
$\qquad x^2 - 25 = 75 \quad |+25$
$\qquad\quad\ x^2 = 100$
$\qquad\qquad x = \pm\sqrt{100}$
$x_1 = 10; \ x_2 = -10$

96 a) $x^2 - 9 = 0$
b) $x^2 - \dfrac{9}{16} = 0$
c) $x^2 - 5 = 0$

97 a) $3x^2 - 16{,}5265 = 0$
$\quad x^2 = \dfrac{16{,}5265}{3}$
$x_1 \approx 2{,}35; \ x_2 \approx -2{,}35$

b) $2{,}5x^2 - (8{,}75)^3 = 0$
$\quad x^2 = \dfrac{(8{,}75)^3}{2{,}5}$
$x_1 \approx 16{,}37; \ x_2 \approx -16{,}37$

c) $0{,}5x^2 = (\sqrt{6{,}25})^3$
$\quad x^2 = \dfrac{(\sqrt{6{,}25})^3}{0{,}5}$
$x_1 \approx 5{,}59; \ x_2 \approx -5{,}59$

98 a) $x^2 - \dfrac{3}{4}x = 0$
$x\left(x - \dfrac{3}{4}\right) = 0$
$x_1 = 0; \ x_2 = \dfrac{3}{4}$
$L = \left\{0; \dfrac{3}{4}\right\}$

b) $2x^2 - 5x = 0 \quad |:2$
$x^2 - 2{,}5x = 0$
$x(x - 2{,}5) = 0$
$x_1 = 0; \ x_2 = 2{,}5$
$L = \{0; 2{,}5\}$

c) $-3x^2 + 9x = 0 \quad |:(-3)$
$x^2 - 3x = 0$
$x(x - 3) = 0$
$x_1 = 0; \ x_2 = 3$
$L = \{0; 3\}$

99 a) $2x^2 + 6x - 20 = 0 \quad |:2$
$x^2 + 3x - 10 = 0$
$p = 3; \; q = -10$
$D = \left(\dfrac{p}{2}\right)^2 - q$
$D = \left(\dfrac{3}{2}\right)^2 - (-10)$
$D = \dfrac{49}{4} \quad \rightarrow \quad 2 \text{ Lösungen}$
$x_{1/2} = -\dfrac{3}{2} \pm \sqrt{\dfrac{49}{4}}$
$x_{1/2} = -\dfrac{3}{2} \pm \dfrac{7}{2}$
$L = \{2; -5\}$

b) $p = -2; \; q = -15$
$D = \left(\dfrac{p}{2}\right)^2 - q$
$D = 1 - (-15)$
$D = 16 \quad \rightarrow \quad 2 \text{ Lösungen}$
$x_{1/2} = 1 \pm \sqrt{16}$
$x_{1/2} = 1 \pm 4$
$L = \{5; -3\}$

c) $(2x - 5)^2 = x(x - 9) + 19$
$4x^2 - 20x + 25 = x^2 - 9x + 19 \quad |-x^2 + 9x - 19$
$3x^2 - 11x + 6 = 0 \quad |:3$
$x^2 - \dfrac{11}{3}x + 2 = 0$
$p = -\dfrac{11}{3}; \; q = 2$
$D = \left(\dfrac{p}{2}\right)^2 - q$
$D = \left(-\dfrac{11}{6}\right)^2 - 2$
$D = \dfrac{49}{36} \quad \rightarrow \quad 2 \text{ Lösungen}$
$x_{1/2} = \dfrac{11}{6} \pm \sqrt{\dfrac{49}{36}}$
$x_{1/2} = \dfrac{11}{6} \pm \dfrac{7}{6}$
$L = \left\{3; \dfrac{2}{3}\right\}$

d) $3x(x - 1) - 2(10 - x) = 40 + 2x$
$3x^2 - 3x - 20 + 2x = 40 + 2x \quad |-40 - 2x$
$3x^2 - 3x - 60 = 0 \quad |:3$
$x^2 - x - 20 = 0$
$p = -1; \; q = -20$

$$D = \left(\frac{p}{2}\right)^2 - q$$

$$D = \left(-\frac{1}{2}\right)^2 + 20$$

$$D = \frac{81}{4} \quad \rightarrow \quad 2 \text{ Lösungen}$$

$$x_{1/2} = \frac{1}{2} \pm \sqrt{\frac{81}{4}}$$

$$x_{1/2} = \frac{1}{2} \pm \frac{9}{2}$$

$$L = \{5; -4\}$$

100

	Länge in m	Breite in m	Flächeninhalt in m²
Altes Rechteck	$\ell = b + 20$	b	$A_{alt} = b \cdot (b + 20)$
Neues Rechteck	$\ell - 5 = b + 15$	2b	$A_{neu} = 2b \cdot (b + 15)$

$$A_{neu} = A_{alt} + 936$$
$$2b \cdot (b + 15) = b \cdot (b + 20) + 936$$
$$2b^2 + 30b = b^2 + 20b + 936 \quad | -b^2 - 20b - 936$$
$$b^2 + 10b - 936 = 0$$
$$(p = 10; \ q = -936)$$

$$b_{1/2} = -\frac{10}{2} \pm \sqrt{\left(\frac{10}{2}\right)^2 + 936}$$

$$b_{1/2} = -5 \pm \sqrt{\frac{3844}{4}}$$

$$b_{1/2} = -5 \pm 31$$

$$b_1 = 26; \quad b_2 = -36$$

b_2 scheidet als Lösung aus, da die Länge nicht negativ sein kann.

	Länge in m	Breite in m	Flächeninhalt in m²
Altes Rechteck	46	26	1 196
Neues Rechteck	41	52	2 132

101 a) $x^2 - 4x + 3 = 0$, d. h. $p = -4; \ q = 3$

$x_1 = 1; \ x_2 = 3 \Rightarrow \quad x_1 + x_2 = 1 + 3 = 4 = -(-4) = -p$
$\qquad\qquad\qquad\qquad x_1 \cdot x_2 = 1 \cdot 3 = 3 = q$

Nach dem Satz von Vieta sind $x_1 = 1$ und $x_2 = 3$ tatsächlich Lösungen der Gleichung.

b) $4x^2 - 16x - 20 = 0 \quad |:4$
$\quad x^2 - 4x - 5 = 0$

d. h. $p = -4; \ q = -5$
$x_1 = -1; \ x_2 = 5 \Rightarrow \quad x_1 + x_2 = -1 + 5 = 4 = -(-4) = -p$
$\qquad\qquad\qquad\qquad\quad x_1 \cdot x_2 = (-1) \cdot 5 = -5 = q$

Somit sind $x_1 = -1$ und $x_2 = 5$ tatsächlich Lösungen der Gleichung.

102 a) $x^2 - 7x + 6 = 0$
Nach dem Satz von Vieta gilt für die Lösungen x_1, x_2:
$x_1 + x_2 = -(-7) = 7; \quad x_1 \cdot x_2 = 6$
Mögliche Werte für x_1 und x_2 sind die Teiler von 6, also $\pm 1, \pm 2, \pm 3, \pm 6$. Wegen $1 + 6 = 7$ und $1 \cdot 6 = 6$
liefern $x_1 = 1$ und $x_2 = 6$ die Lösungen der Gleichung.

b) $x^2 + 9x + 20 = 0$
Satz von Vieta:
$x_1 + x_2 = -9; \quad x_1 \cdot x_2 = 20$
Mögliche Werte für x_1 und x_2:
$\pm 1, \pm 2, \pm 4, \pm 5, \pm 10, \pm 20$
Mit $x_1 = -4$ und $x_2 = -5$ gelten $x_1 + x_2 = -9$ und $x_1 \cdot x_2 = 20$.
Somit sind $x_1 = -4$ und $x_2 = -5$ Lösungen der Gleichung.

c) $x^2 + 8x - 20 = 0$
Satz von Vieta:
$x_1 + x_2 = -8; \quad x_1 \cdot x_2 = -20$
Mögliche Werte für x_1 und x_2:
$\pm 1, \pm 2, \pm 4, \pm 5, \pm 10, \pm 20$
Mit $x_1 = -10$ und $x_2 = 2$ gelten $x_1 + x_2 = -8$ und $x_1 \cdot x_2 = -20$.
Somit sind $x_1 = -10$ und $x_2 = 2$ Lösungen der Gleichung.

d) $x^2 - x - 6 = 0$
Satz von Vieta:
$x_1 + x_2 = 1; \quad x_1 \cdot x_2 = -6$
Mögliche Werte für x_1 und x_2:
$\pm 1, \pm 2, \pm 3, \pm 6$
Mit $x_1 = 3$ und $x_2 = -2$ gelten $x_1 + x_2 = 1$ und $x_1 \cdot x_2 = -6$.
Somit sind $x_1 = 3$ und $x_2 = -2$ Lösungen der Gleichung.

103 a) $-p = x_1 + x_2 \quad\quad q = x_1 \cdot x_2$
$-p = 2 - 6 = -4 \quad\quad q = 2 \cdot (-6)$
$p = 4 \quad\quad\quad\quad\quad q = -12$
Gleichung: $x^2 + 4x - 12 = 0$

b) $-p = -4 + 7{,}5 = 3{,}5 \quad q = (-4) \cdot 7{,}5$
$p = -3{,}5 \quad\quad\quad\quad\quad q = -30$
Gleichung: $x^2 - 3{,}5x - 30 = 0$

104 a) $x^2 + 2x + 4 \quad\quad p = 2; \; q = 4$
$D = \left(\dfrac{2}{2}\right)^2 - 4$
$D = -3$
$D < 0 \;\rightarrow\;$ keine Nullstellen

b) $x^2 - 6x - 6 \quad\quad p = -6; \; q = -6$
$D = \left(\dfrac{-6}{2}\right)^2 - (-6)$
$D = 15$
$D > 0 \;\rightarrow\;$ zwei Nullstellen
$x_{1/2} = \dfrac{6}{2} \pm \sqrt{15}$
Nullstellen: $x_1 = 6{,}87; \; x_2 = -0{,}87$

c) $x^2 + 2x - 1 = 0$ $\qquad$ $p = 2;\ q = -1$

$D = \left(\dfrac{2}{2}\right)^2 - (-1)$

$D = 2$

$D > 0 \rightarrow$ zwei Nullstellen

$x_{1/2} = -\dfrac{2}{2} \pm \sqrt{2}$

Nullstellen: $x_1 = -2{,}41;\ x_2 = 0{,}41$

d) $2x^2 - 9x + 9 = 0 \quad |:2$

$x^2 - 4{,}5x + 4{,}5 = 0$ $\qquad$ $p = -4{,}5;\ q = 4{,}5$

$D = \left(-\dfrac{9}{4}\right)^2 - \dfrac{9}{2}$

$D = \dfrac{9}{16}$

$D > 0 \rightarrow$ zwei Nullstellen

$x_{1/2} = -\dfrac{-9}{4} \pm \sqrt{\dfrac{9}{16}}$

Nullstellen: $x_1 = 3;\ x_2 = \dfrac{3}{2}$

e) $x + 6x + 9 = 0$ $\qquad$ $p = 6;\ q = 9$

$D = \left(\dfrac{6}{2}\right)^2 - 9$

$D = 0 \rightarrow$ eine Nullstelle

$x_{1/2} = -\dfrac{6}{2} \pm \sqrt{0}$

Nullstelle: $x = -3$

f) $\dfrac{1}{2}x^2 - 4x + 5 = 0 \quad |\cdot 2$

$x^2 - 8x + 10 = 0$ $\qquad$ $p = -8;\ q = 10$

$D = \left(-\dfrac{8}{2}\right)^2 - 10$

$D = 6$

$D > 0 \rightarrow$ zwei Nullstellen

$x_{1/2} = -\dfrac{-8}{2} \pm \sqrt{6}$

Nullstellen: $x_1 \approx 6{,}45;\ x_2 \approx 1{,}55$

g) $y = (x+2)^2 - 9$
Scheitel $S(-2|-9)$ unterhalb der x-Achse
$\Rightarrow$ zwei Nullstellen: $x_1 = -5$; $x_2 = 1$

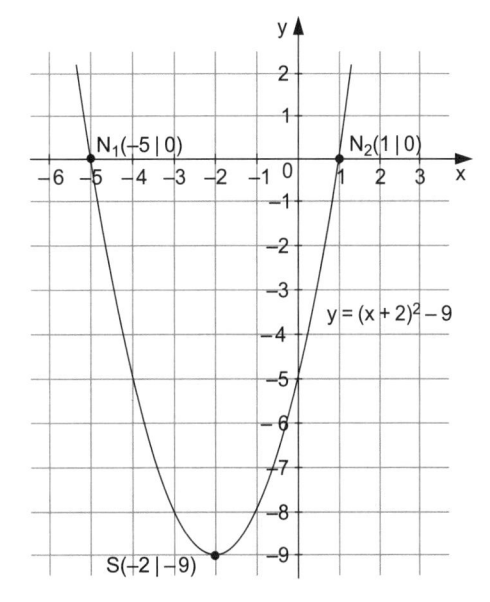

h) $y = (x-3)^2$
Scheitel $S(3|0)$ auf der x-Achse
$\Rightarrow$ eine Nullstelle: $x = 3$

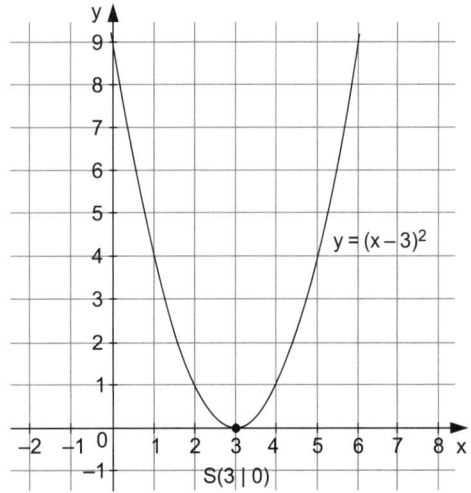

i) $y = (x-1)^2 + 5$
Scheitel $S(1|5)$ oberhalb der x-Achse
$\Rightarrow$ keine Nullstelle.

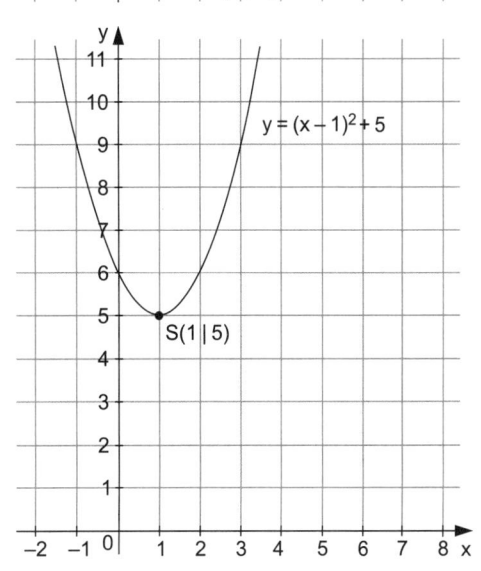

105 Gleichsetzen der Funktionsterme von p und g.

$x^2 + 2x - 3 = 4x + 5 \quad | -4x - 5$

$x^2 - 2x - 8 = 0$

$D = \left(\dfrac{-2}{2}\right)^2 - (-8) = 9 \;\Rightarrow\; 2\text{ Schnittpunkte}$

$x_{1/2} = -1 \pm \sqrt{9} \;\Rightarrow\; x_1 = 4;\; x_2 = -2$

$y_1 = 4 \cdot 4 + 5 = 21 \qquad S(4|21)$

$y_2 = 4 \cdot (-2) + 5 = -3 \qquad S(-2|-3)$

---

106 a) Grafen:

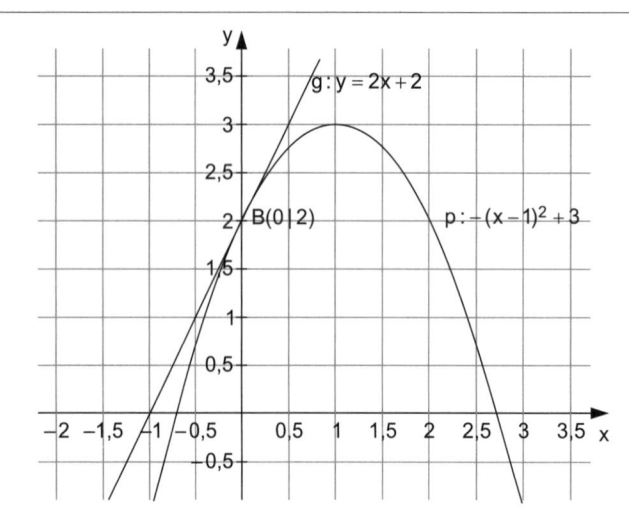

b) Wir berechnen die Schnittpunkte von Parabel und Gerade.

$-(x-1)^2 + 3 = 2x + 2$

$-x^2 + 2x - 1 + 3 = 2x + 2 \quad |-2x - 2 \quad | \cdot (-1)$

$\qquad\qquad x^2 = 0$

Dies ist eine quadratische Gleichung mit $p = 0$ und $q = 0$.

Da $D = 0$, hat die quadratische Gleichung eine Lösung, d. h. Parabel und Gerade schneiden oder berühren sich in einem Punkt B. Die Gerade ist somit Tangente an die Parabel.

c) Berührpunkt: $\left.\begin{array}{l} x^2 = 0 \;\Rightarrow\; x = 0 \\ y = 2 \cdot 0 + 2 \;\Rightarrow\; y = 2 \end{array}\right\}\; B(0|2)$

---

107 a) Gleichsetzen der Funktionsterme von p_1 und p_2.

$2x^2 - 4{,}5x - 2 = -\dfrac{1}{2}x^2 - 2x + 3 \quad \left| +\dfrac{1}{2}x^2 + 2x - 3 \right.$

$\dfrac{5}{2}x^2 - \dfrac{5}{2}x - 5 = 0 \qquad\qquad\qquad \left| \cdot \dfrac{2}{5} \right.$

$\qquad x^2 - x - 2 = 0$

$$D = \left(-\frac{1}{2}\right)^2 + 2 = \frac{9}{4}$$

Da D > 0 hat die quadratische Gleichung zwei Lösungen, d. h. p_1 und p_2 haben zwei Schnittpunkte S_1 und S_2.

$$x_{1/2} = -\left(-\frac{1}{2}\right) \pm \sqrt{\frac{9}{4}}$$

$$x_{1/2} = \frac{1}{2} \pm \frac{3}{2}$$

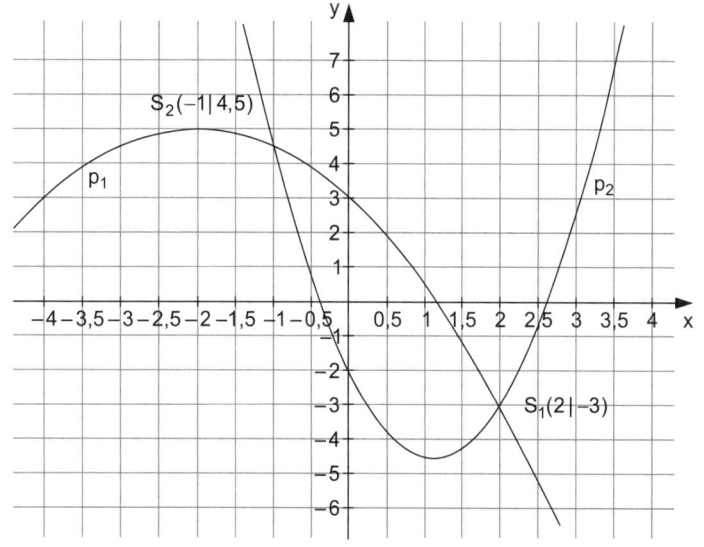

$x_1 = 2 \implies y_1 = 2 \cdot 2^2 - 4{,}5 \cdot 2 - 2 = -3 \qquad S_1(2|-3)$

$x_2 = -1 \implies y_2 = 2 \cdot (-1)^2 - 4{,}5 \cdot (-1) - 2 = 4{,}5 \qquad S_2(-1|4{,}5)$

b) Funktionsterme von p_1 und p_2 gleichsetzen:

$$-\frac{1}{2}x^2 - 2x - 2 = 0{,}5x^2 - 6x + 2 \qquad \left| -\frac{1}{2}x^2 + 6x - 2 \right.$$

$$-x^2 + 4x - 4 = 0 \qquad | \cdot (-1)$$

$$x^2 - 4x + 4 = 0$$

$$D = \left(-\frac{4}{2}\right)^2 - 4$$

$$D = 0$$

Da die Diskriminante den Wert 0 hat, haben beide Parabeln einen Punkt gemeinsam, d. h. sie berühren sich in einem Punkt B.

$$\left.\begin{array}{ll} x_B = -\left(-\frac{4}{2}\right) \pm \sqrt{0} & x_B = 2 \\ y_B = -\frac{1}{2} \cdot (2)^2 - 2 \cdot 2 - 2 & y_B = -8 \end{array}\right\} B(2|-8)$$

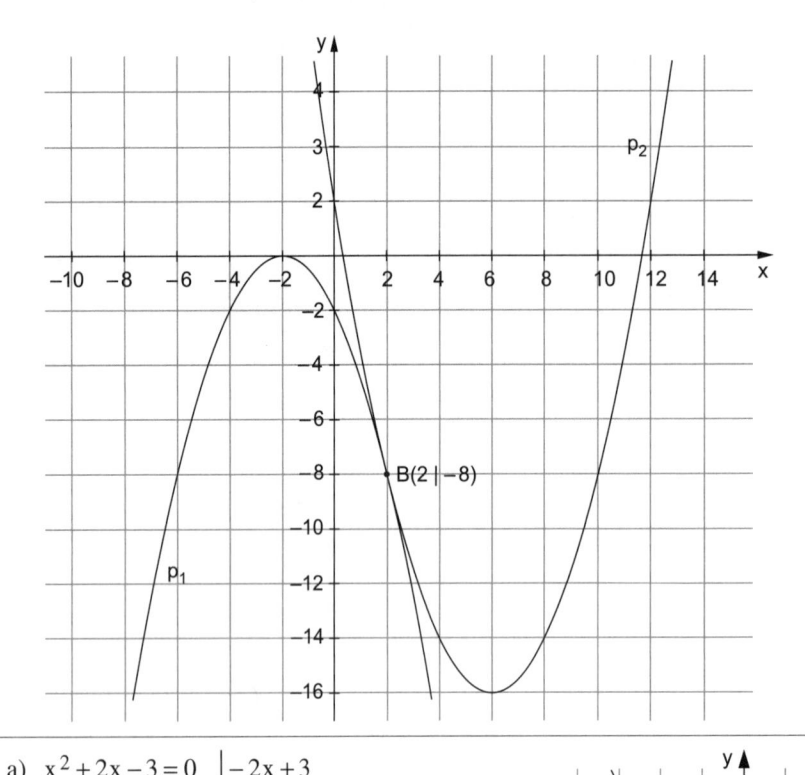

108 a) $x^2 + 2x - 3 = 0 \quad | -2x + 3$

$ x^2 = -2x + 3$

Zeichnen der Normalparabel p: $y = x^2$
und der Geraden g: $y = -2x + 3$.

Aus der Zeichnung liest man ab:
Nullstellen $x_1 = -3$; $x_2 = 1$

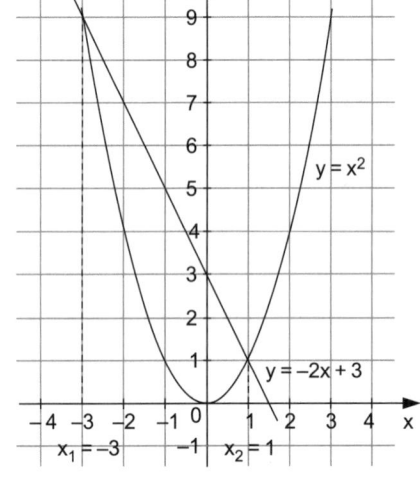

b) $x^2 - 4 = 0 \qquad |+4$

$ x^2 = 4$

Zeichnen der Normalparabel p: $y = x^2$
und der Geraden g: $y = 4$.

Nullstellen $x_1 = -2$; $x_2 = 2$

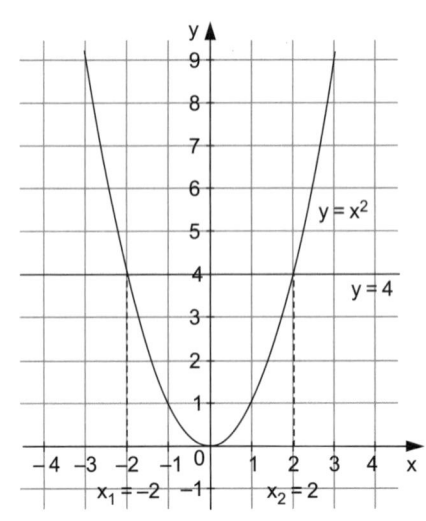

4 Lineares und exponentielles Wachstum

109 a) $y = 1\,000 \cdot \left(1 + \dfrac{4,5}{100}\right)^x$ x: Anzahl der Jahre

$y = 1\,000 \cdot 1,045^x$ y: Guthaben nach x Jahren

b) $y = 1\,000 \cdot 1,045^{12}$
$y = 1\,000 \cdot 1,6959$
$y = 1\,696$

Nach 12 Jahren ist das Anfangsguthaben von 1 000 € auf 1 696 € angewachsen.

c) Verdoppelung des Anfangskapitals:

$2\,000\ € = 1\,000\ € \cdot 1,045^x$
$2 = 1,045^x$

Der Taschenrechner liefert für x = 15 den Wert 1,935 und für x = 16 den Wert 2,022, das heißt nach (etwa) 16 Jahren hat sich das Anfangskapital verdoppelt.

d) Wertetabelle:

Jahre x	0	1	2	3	4	5	6	7	8	9
Guthaben in € y	1 000	1 045	1 092	1 141	1 193	1 246	1 302	1 361	1 422	1 486

Jahre x	10	11	12	13	14	15
Guthaben in € y	1 553	1 623	1 696	1 772	1 852	1 935

Hinweis: Die Werte sind gegebenenfalls gerundet.

Graf:

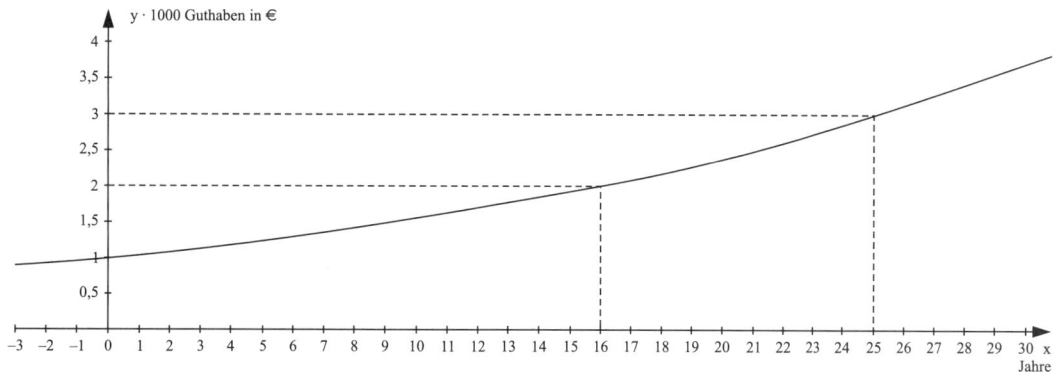

Verdoppelung: nach 16 Jahren
Verdreifachung: nach 25 Jahren

110 a)

Jahre	Werteverlust in %	Werte in €
0	0	45 600
1	25	$45\,600 - 45\,600 \cdot \dfrac{25}{100} = 34\,200$
2	10	$34\,200 - 34\,200 \cdot \dfrac{10}{100} = 30\,780$
3	10	$30\,780 - 30\,780 \cdot \dfrac{10}{100} = 27\,702$
4	10	$27\,702 - 27\,702 \cdot \dfrac{10}{100} = 24\,932$

Restwert nach dem 1. Jahr: 34 200 €.

Funktion: $y = 34\,200 \cdot \left(1 - \dfrac{10}{100}\right)^{x-1}$

$y = 34\,200 \cdot 0,9^{x-1}$

b)

Jahre	3	5	10
Restwert in €	27 702	22 439	13 250

111 a) Zu Beginn der Beobachtung sind 500 Bakterien vorhanden. 500 ist der Anfangswert. Stündlich vermehren sich die Bakterien um 80 %. Die prozentuale Wachstumsrate beträgt 80 % und der Wachstumsfaktor q = 1,8.

b)
Zeit in Stunden	0	1	2	3	4	5	6
Anzahl der Bakterien	500	900	1 620	2 916	5 249	9 448	17 006

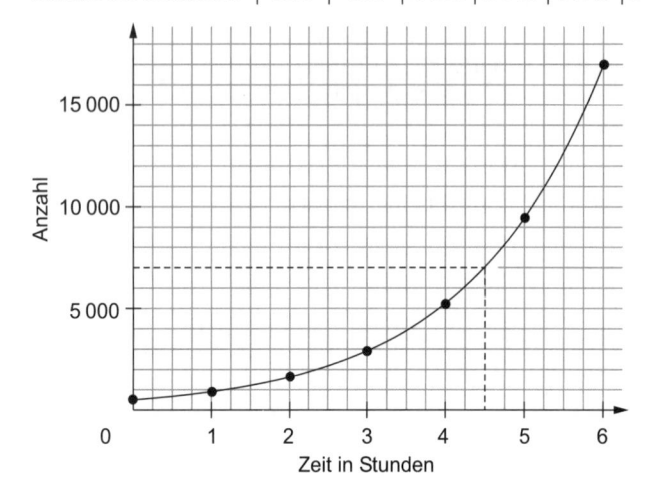

c) Nach etwa 4,5 Stunden sind 7 000 Bakterien vorhanden.

112 a) Der Aufgabe kann man entnehmen, dass zum Anfang 800 Kernzerfälle pro Sekunde stattfinden. 15 Tage später sind es noch 100 Kernzerfälle pro Sekunde. Da sich die Anzahl der Kernzerfälle nach jeder Halbwertszeit halbiert, müssen nach einer Halbwertszeit 400 Kernzerfälle pro Sekunde stattfinden, nach einer weiteren Halbwertszeit 200 Kernzerfälle und nach der dritten Halbwertszeit 100 Kernzerfälle pro Sekunde. Diese Werte kann man bereits in eine Tabelle eintragen:

Zeit in Tagen	**0**			**15**
Kernzerfälle pro Sekunde	**800**	400	200	**100**

Da jede Halbwertszeit gleich lang ist, rechnet man 15 : 3 = 5 und erhält eine Halbwertszeit von 5 Tagen.

b) Nach weiteren **zwei Halbwertszeiten** hat man 25 Kernzerfälle. Man kann die Tabelle weiter fortsetzen und erhält das Ergebnis. Nach insgesamt 25 Tagen werden 25 Kernzerfälle pro Sekunden gemessen.

Zeit in Tagen	0	5	10	15	20	25
Kernzerfälle pro Sekunde	800	400	200	100	50	25

c) Nach 60 Tagen hat sich die Anzahl der Kernzerfälle pro Sekunde insgesamt 12-mal halbiert (12 Halbwertszeiten, da 60 : 5 = 12).
Anfangswert: $a = 800$
Abnahmefaktor: $q = 0,5$
12 Halbwertszeiten: $x = 12$
Rechnung: $y = 800 \cdot 0,5^{12}$
$y = 0,1953125$
$y \approx 0,195$

Nach 60 Tagen finden noch rund 0,195 Kernzerfälle pro Stunde statt.
$800 \triangleq 100\%$
$1 \triangleq \frac{100}{800}\%$
$0,195 \triangleq \frac{0,195 \cdot 100}{800}\% \approx 0,0244\%$

Nach 60 Tagen sind etwa 0,0244 % der Kerne noch nicht zerfallen.

5 Ähnlichkeit

113 $D_1 \sim D_2$ $\quad \frac{a_1}{a_2} = 3 \quad \frac{b_1}{b_2} = 3 \quad \frac{c_1}{c_2} = 3$

D_2 und D_3 sind nicht ähnlich, da die Verhältnisse entsprechender Seitenlängen nicht den gleichen Wert (k) haben.

$D_4 \sim D_5 \quad \alpha_4 = \beta_5 \quad \beta_4 = \alpha_5 \quad \gamma_4 = \gamma_5$

---

114 $\overline{A'B'} = k \cdot \overline{AB}$ $\qquad \overline{A'C'} = k \cdot \overline{AC}$ $\qquad \overline{B'C'} = k \cdot \overline{BC}$

$\overline{A'B'} = \frac{1}{2} \cdot 12 \, \text{cm}$ $\qquad \overline{A'C'} = \frac{1}{2} \cdot 5 \, \text{cm}$ $\qquad \overline{B'C'} = \frac{1}{2} \cdot 13 \, \text{cm}$

$\overline{A'B'} = 6 \, \text{cm}$ $\qquad \overline{A'C'} = 2,5 \, \text{cm}$ $\qquad \overline{B'C'} = 6,5 \, \text{cm}$

Dreieck ABC ist rechtwinklig, wobei der rechte Winkel bei A liegt: $\alpha = 90°$.

$A_{\triangle ABC} = \frac{1}{2} \cdot \overline{AB} \cdot \overline{AC}$

$A_{\triangle ABC} = \frac{1}{2} \cdot 12 \, \text{cm} \cdot 5 \, \text{cm}$

$A_{\triangle ABC} = 30 \, \text{cm}^2$

$A_{\triangle A'B'C'} = k^2 \cdot A_{\triangle ABC}$

$A_{\triangle A'B'C'} = \frac{1}{4} \cdot 30 \, \text{cm}^2$

$A_{\triangle A'B'C'} = 7,5 \, \text{cm}^2$

---

115 Maßstab 1 : 200 000 $\qquad$ 1 cm Karte $\hat{=}$ 200 000 cm Wirklichkeit $\qquad$ 1 cm Karte $\hat{=}$ 2 km

Maßstab 1 : 1 000 000 $\qquad$ 1 cm Karte $\hat{=}$ 1 000 000 cm Wirklichkeit $\qquad$ 1 cm Karte $\hat{=}$ 10 km

---

116 a) $Z = A; \ k = \frac{3}{2}$

$\overline{A'B'} = \frac{3}{2} \cdot \overline{AB}$ $\qquad \overline{A'C'} = \frac{3}{2} \cdot \overline{AC}$ $\qquad \overline{B'C'} = \frac{3}{2} \cdot \overline{BC}$

$\overline{A'B'} = 7,5 \, \text{cm}$ $\qquad \overline{A'C'} = 6 \, \text{cm}$ $\qquad \overline{B'C'} = 4,5 \, \text{cm}$

Für Dreieck ABC gilt:
$\overline{AB}^2 = \overline{AC}^2 + \overline{BC}^2$
$(5 \, \text{cm})^2 = (4 \, \text{cm})^2 + (3 \, \text{cm})^2$
$25 \, \text{cm}^2 = 16 \, \text{cm}^2 + 9 \, \text{cm}^2$

Das Dreieck ABC ist somit nach dem Satz des Pythagoras (s. 7.1) bei C rechtwinklig.

Der Flächeninhalt des Dreiecks ist damit:

$A_{\triangle ABC} = \frac{1}{2} \cdot \overline{AC} \cdot \overline{BC}$

$A_{\triangle ABC} = \frac{1}{2} \cdot 4 \, \text{cm} \cdot 3 \, \text{cm}$

$A_{\triangle ABC} = 6 \, \text{cm}^2$

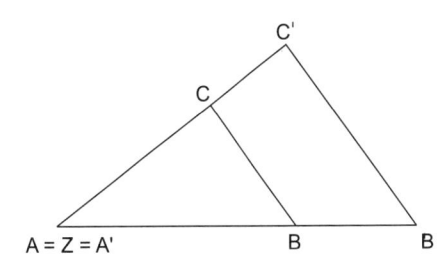

$$A_{\triangle A'B'C'} = \left(\frac{3}{2}\right)^2 \cdot 6\,\text{cm}^2$$
$$A_{\triangle A'B'C'} = 13{,}5\,\text{cm}^2$$

b) $Z = S;\ k = 3$

$\overline{ZA'} = 3 \cdot \overline{ZA}$	$\overline{A'B'} = 3 \cdot \overline{AB}$	$\overline{A'C'} = 3 \cdot \overline{AC}$	$\overline{B'C'} = 3 \cdot \overline{BC}$
$\overline{ZB'} = 3 \cdot \overline{ZB}$	$\overline{A'B'} = 3 \cdot 5\,\text{cm}$	$\overline{A'C'} = 3 \cdot 4\,\text{cm}$	$\overline{B'C'} = 3 \cdot 3\,\text{cm}$
$\overline{ZC'} = 3 \cdot \overline{ZC}$	$\overline{A'B'} = 15\,\text{cm}$	$\overline{A'C'} = 12\,\text{cm}$	$\overline{B'C'} = 9\,\text{cm}$

$$A_{\triangle A'B'C'} = 3^2 \cdot A_{\triangle ABC}$$
$$A_{\triangle A'B'C'} = 9 \cdot 6\,\text{cm}^2$$
$$A_{\triangle A'B'C'} = 54\,\text{cm}^2$$

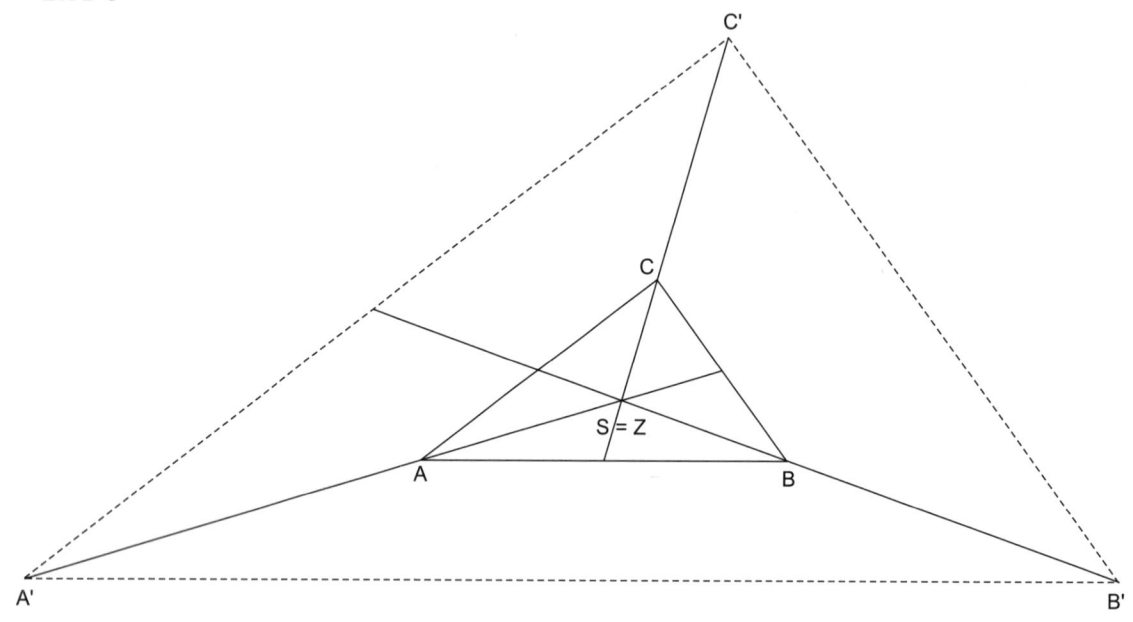

c) Z ist ein beliebiger Punkt außerhalb des Dreiecks; $k = \frac{2}{3}$

$\overline{ZA'} = \frac{2}{3} \cdot \overline{ZA}$	$\overline{A'B'} = \frac{2}{3} \cdot 5\,\text{cm}$	$\overline{A'C'} = \frac{2}{3} \cdot 4\,\text{cm}$	$\overline{B'C'} = \frac{2}{3} \cdot 3\,\text{cm}$
$\overline{ZB'} = \frac{2}{3} \cdot \overline{ZB}$	$\overline{A'B'} \approx 3{,}3\,\text{cm}$	$\overline{A'C'} \approx 2{,}7\,\text{cm}$	$\overline{B'C'} = 2\,\text{cm}$
$\overline{ZC'} = \frac{2}{3} \cdot \overline{ZC}$			

$$A_{\triangle A'B'C'} = \left(\frac{2}{3}\right)^2 \cdot 6\,\text{cm}^2$$
$$A_{\triangle A'B'C'} \approx 2{,}7\,\text{cm}^2$$

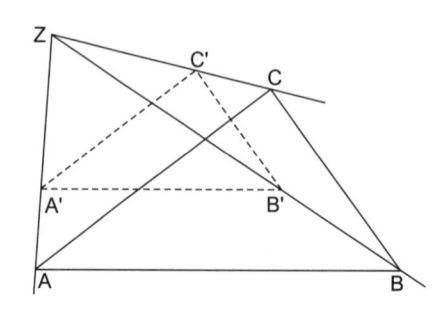

117 a) Konstruktion:

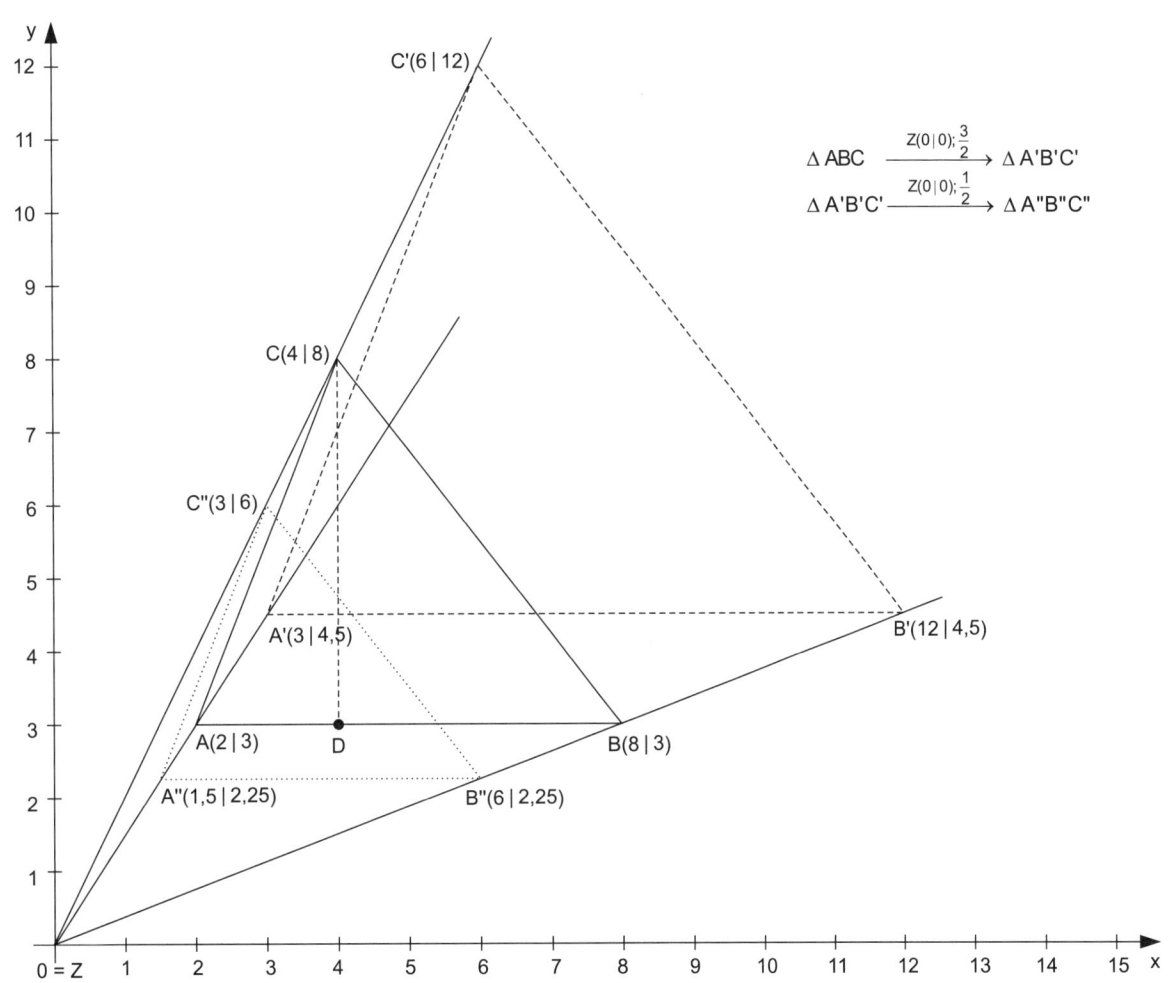

$\triangle ABC \xrightarrow{Z(0|0); \frac{3}{2}} \triangle A'B'C'$

$\triangle A'B'C' \xrightarrow{Z(0|0); \frac{1}{2}} \triangle A''B''C''$

b) Dreieck ABC:

$\overline{AB} = (8-2)$ cm

$\overline{AB} = 6$ cm

Im Dreieck ABC ist die Höhe $\overline{CD} = (8-3)$ cm $= 5$ cm.

$A_{\triangle ABC} = \frac{1}{2} \cdot \overline{AB} \cdot \overline{CD}$

$A_{\triangle ABC} = \frac{1}{2} \cdot 6 \text{ cm} \cdot 5 \text{ cm}$

$A_{\triangle ABC} = 15 \text{ cm}^2$

Dreieck A'B'C':

$A_{\triangle A'B'C'} = k_1^2 \cdot A_{\triangle ABC}$

$A_{\triangle A'B'C'} = \frac{9}{4} \cdot 15 \text{ cm}^2$

$A_{\triangle A'B'C'} = 33,75 \text{ cm}^2$

Die Koordinaten der Punkte A', B' und C' erhält man, indem man die Koordinaten der Punkte A, B und C jeweils mit dem Faktor $k_1 = \frac{3}{2}$ multipliziert.

Dreieck A"B"C":

$A_{\Delta A"B"C"} = k_2{}^2 \cdot A_{\Delta A'B'C'}$

$A_{\Delta A"B"C"} = \frac{1}{4} \cdot 33,75 \text{ cm}^2$

$A_{\Delta A"B"C"} \approx 8,44 \text{ cm}^2$

Die Koordinaten der Punkte A", B" und C" erhält man, indem man die Koordinaten der Punkte A', B' und C' jeweils mit dem Faktor $k_2 = \frac{1}{2}$ multipliziert.

c) Bei jeweils gleichem Zentrum Z(0|0) wird ΔABC durch eine Verkleinerung mit dem Faktor $k = k_1 \cdot k_2 = \frac{3}{2} \cdot \frac{1}{2} = \frac{3}{4}$ in das ΔA"B"C" übergeführt und umgekehrt ΔA"B"C" durch Vergrößerung mit dem Faktor $k' = \frac{1}{k} = \frac{4}{3}$ in das Ausgangsdreieck ΔABC übergeführt.

118 a) Konstruktion:
$a' = k \cdot a$
$a' = 2,5 \cdot 4 \text{ cm}$
$a' = 10 \text{ cm}$

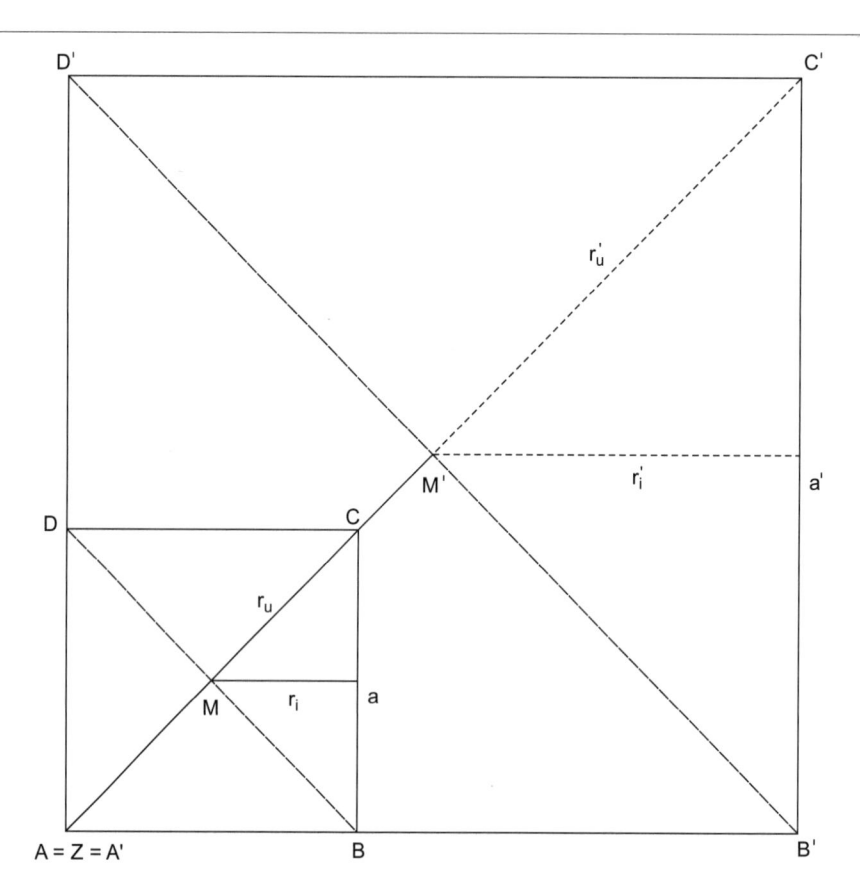

b) Inkreisradius r_i':

$r_i' = \frac{1}{2} \cdot a'$ oder: $r_i' = k \cdot r_i$

$r_i' = \frac{1}{2} \cdot 10 \text{ cm}$ $r_i' = 2,5 \cdot 2 \text{ cm}$

$r_i' = 5 \text{ cm}$ $r_i' = 5 \text{ cm}$

Umkreisradius r_u':

$(r_u')^2 = \left(\frac{a'}{2}\right)^2 + \left(\frac{a'}{2}\right)^2$ oder: $r_u{}^2 = \left(\frac{a}{2}\right)^2 + \left(\frac{a}{2}\right)^2$ $r_u' = k \cdot r_u$

$(r_u')^2 = (5 \text{ cm})^2 + (5 \text{ cm})^2$ $r_u{}^2 = (2 \text{ cm})^2 + (2 \text{ cm})^2$ $r_u' = 2,5 \cdot 2,83 \text{ cm}$

$(r_u')^2 = 50 \text{ cm}^2$ $r_u{}^2 = 8 \text{ cm}^2$ $r_u' \approx 7,08 \text{ cm}$

$r_u' \approx 7,07 \text{ cm}$ $r_u{}^2 \approx 2,83 \text{ cm}$

c) Ein Kreis K ist bestimmt durch seinen Mittelpunkt M und seinen Radius r: k(M; r). Durch eine maßstabsgetreue Streckung oder Stauchung mit dem Faktor k werden M auf M' und r auf r' abgebildet, wobei $\overline{ZM'} = k \cdot \overline{ZM}$ und $r' = k \cdot r$ ist. Das Bild des Kreises K(M; r) ist somit der Kreis K'(M'; r').

119 a) wahr b) wahr c) falsch d) wahr (entspricht b)
e) falsch f) falsch g) falsch

120 a) wahr b) falsch c) wahr d) wahr
e) wahr f) wahr g) falsch h) wahr

121 a)

$$\frac{x}{\overline{BC}} = \frac{\overline{CD}}{\overline{CA}}$$

$$x = \overline{BC} \cdot \frac{\overline{CD}}{\overline{CA}}$$

$$x = 7\,\text{cm} \cdot \frac{5\,\text{cm}}{9\,\text{cm}}$$

$$x \approx 3{,}89\,\text{cm}$$

$$\frac{y}{\overline{AB}} = \frac{\overline{CD}}{\overline{CA}}$$

$$y = \overline{AB} \cdot \frac{\overline{CD}}{\overline{CA}}$$

$$y = 8\,\text{cm} \cdot \frac{5\,\text{cm}}{9\,\text{cm}}$$

$$y \approx 4{,}44\,\text{cm}$$

b)

$$\frac{\overline{BD}}{x} = \frac{\overline{BE}}{\overline{EC}}$$

$$\frac{(\overline{AB} - x)}{x} = \frac{\overline{BE}}{(\overline{BC} - \overline{BE})}$$

$$\frac{(10\,\text{cm} - x)}{x} = \frac{6\,\text{cm}}{(10\,\text{cm} - 6\,\text{cm})}$$

$$\frac{10\,\text{cm} - x}{x} = \frac{6\,\text{cm}}{4\,\text{cm}}$$

$$\frac{10\,\text{cm} - x}{x} = \frac{3}{2} \quad |\cdot 2x$$

$$3x = 20\,\text{cm} - 2x \quad |+2x$$

$$5x = 20\,\text{cm} \quad |:5$$

$$x = 4\,\text{cm}$$

$$\frac{y}{\overline{AC}} = \frac{\overline{BD}}{\overline{AB}}$$

$$y = \overline{AC} \cdot \frac{\overline{BD}}{\overline{AB}}$$

$$y = 9\,\text{cm} \cdot \frac{6\,\text{cm}}{10\,\text{cm}} \quad (\overline{BD} = \overline{AB} - x;\ \overline{BD} = 10\,\text{cm} - 4\,\text{cm})$$

$$y = 5{,}4\,\text{cm}$$

122 a) $\dfrac{\overline{AD}}{\overline{AB}} = \dfrac{\overline{FD}}{\overline{BC}}$

$\dfrac{3\,\text{cm}}{8\,\text{cm}} = \dfrac{\overline{FD}}{9\,\text{cm}} \quad |\cdot 9\,\text{cm}$

$\overline{FD} = 9\,\text{cm} \cdot \dfrac{3\,\text{cm}}{8\,\text{cm}}$

$\overline{FD} \approx 3{,}38\,\text{cm}$

Berechnung von $\overline{AF}$:

$\dfrac{\overline{FD}}{\overline{BC}} = \dfrac{\overline{AF}}{\overline{AC}}$

$\dfrac{3{,}38\,\text{cm}}{9\,\text{cm}} = \dfrac{\overline{AF}}{\overline{AF}+5{,}5\,\text{cm}} \quad |\cdot 9\,\text{cm} \cdot (\overline{AF}+5{,}5\,\text{cm})$

$3{,}38\,\text{cm} \cdot (\overline{AF}+5{,}5\,\text{cm}) = \overline{AF} \cdot 9\,\text{cm}$

$3{,}38\,\text{cm} \cdot \overline{AF} + 18{,}56\,\text{cm}^2 = 9\,\text{cm} \cdot \overline{AF} \quad |-3{,}38\,\text{cm} \cdot \overline{AF}$

$18{,}56\,\text{cm}^2 = 5{,}62\,\text{cm} \cdot \overline{AF} \quad |:5{,}62\,\text{cm}$

$\overline{AF} \approx 3{,}3\,\text{cm}$

Berechnung von $\overline{AC}$:

$\overline{AC} = \overline{AF} + \overline{FC}$

$\overline{AC} = 3{,}3\,\text{cm} + 5{,}5\,\text{cm}$

$\overline{AC} = 8{,}8\,\text{cm}$

Berechnung von $\overline{EB}$:

$\dfrac{\overline{FC}}{\overline{AC}} = \dfrac{\overline{CE}}{\overline{CB}}$

$\dfrac{5{,}5\,\text{cm}}{8{,}8\,\text{cm}} = \dfrac{9\,\text{cm}-\overline{EB}}{9\,\text{cm}} \quad |\cdot 8{,}8\,\text{cm} \cdot 9\,\text{cm}$

$5{,}5\,\text{cm} \cdot 9\,\text{cm} = (9\,\text{cm}-\overline{EB}) \cdot 8{,}8\,\text{cm}$

$49{,}5\,\text{cm}^2 = 79{,}2\,\text{cm}^2 - 8{,}8\,\text{cm} \cdot \overline{EB} \quad |-79{,}2\,\text{cm}^2$

$-29{,}7\,\text{cm}^2 = -8{,}8\,\text{cm} \cdot \overline{EB} \quad |:(-8{,}8\,\text{cm})$

$\overline{EB} \approx 3{,}38\,\text{cm}$

Berechnung von $\overline{CE}$:

$\overline{CE} = \overline{CB} - \overline{EB}$

$\overline{CE} = 9\,\text{cm} - 3{,}38\,\text{cm}$

$\overline{CE} = 5{,}62\,\text{cm}$

Berechnung von $\overline{FE}$:

$\dfrac{\overline{FE}}{\overline{AB}} = \dfrac{\overline{FC}}{\overline{AC}}$

$\dfrac{\overline{FE}}{8\,\text{cm}} = \dfrac{5{,}5\,\text{cm}}{8{,}8\,\text{cm}} \quad |\cdot 8\,\text{cm}$

$\overline{FE} = 8\,\text{cm} \cdot \dfrac{5{,}5\,\text{cm}}{8{,}8\,\text{cm}}$

$\overline{FE} = 5\,\text{cm}$

Berechnung von $\overline{BG}$:

$$\frac{\overline{BG}}{\overline{AB}} = \frac{\overline{BE}}{\overline{BC}}$$

$$\frac{\overline{BG}}{8\,cm} = \frac{3,38\,cm}{9\,cm} \quad |\cdot 8\,cm$$

$$\overline{BG} = 8\,cm \cdot \frac{3,38\,cm}{9\,cm}$$

$$\overline{BG} \approx 3,0\,cm$$

Berechnung von $\overline{DG}$:

$$\overline{DG} = \overline{AB} - \overline{AD} - \overline{GB}$$

$$\overline{DG} = 8\,cm - 3\,cm - 3\,cm$$

$$\overline{DG} = 2\,cm$$

Berechnung von $\overline{EG}$:

$$\frac{\overline{EG}}{\overline{AC}} = \frac{\overline{BG}}{\overline{AB}}$$

$$\frac{\overline{EG}}{8,8\,cm} = \frac{3\,cm}{8\,cm} \quad |\cdot 8,8\,cm$$

$$\overline{EG} = 8,8\,cm \cdot \frac{3\,cm}{8\,cm}$$

$$\overline{EG} = 3,3\,cm$$

123 Vierstreckensatz:

$$\frac{0,65\,m}{40\,m} = \frac{1,0\,m}{h} \quad |\cdot h \cdot 40\,m \quad |:0,65\,m$$

$$h = \frac{40\,m \cdot 1,0\,m}{0,65\,m}$$

$$h \approx 61,54\,m$$

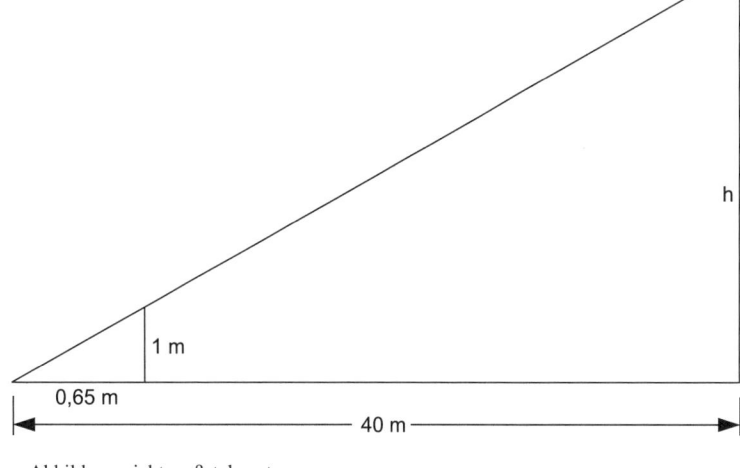

Abbildung nicht maßstabsgetreu

6 Sätze am rechtwinkligen Dreieck

124 Die angegebenen Maße sollen jeweils Längeneinheiten (LE) sein.

	a)	b)	c)	d)	e)	f)	g)	h)
a	1,3	**40**	62,4	**5,9**	5	8,83	**12,8**	6
b	3,12	30	**26**	3,17	**12**	9,54	**6,6**	5,37
c	**3,38**	50	67,6	**6,7**	13	13	14,40	8,05
p	0,50	**32**	57,6	5,2	1,92	**6**	11,38	4,47
q	**2,88**	18	**10**	1,5	11,08	7	3,02	3,58
h	1,2	24	24	2,79	4,61	6,48	5,87	**4**

Hinweis: Die Werte sind ggf. gerundet.

125 a) Satz des Pythagoras in Teildreieck ADC:

$$\overline{AD}^2 + \overline{DC}^2 = \overline{AC}^2$$
$$\overline{AD}^2 = (10\,\text{cm})^2 - (8\,\text{cm})^2$$
$$\overline{AD}^2 = 36\,\text{cm}^2$$
$$\overline{AD} = 6\,\text{cm}$$

$$\overline{AB} = \overline{AD} + \overline{DB}$$
$$\overline{AB} = 6\,\text{cm} + 12\,\text{cm}$$
$$\overline{AB} = 18\,\text{cm}$$

Satz des Pythagoras in Teildreieck DBC:

$$\overline{BC}^2 = \overline{CD}^2 + \overline{DB}^2$$
$$\overline{BC}^2 = (8\,\text{cm})^2 + (12\,\text{cm})^2$$
$$\overline{BC}^2 = 208\,\text{cm}^2$$
$$\overline{BC} \approx 14,42\,\text{cm}$$

b) △ABC ist rechtwinklig genau dann, wenn der Satz des Pythagoras gilt:

$$a^2 + b^2 = c^2$$
$$208\,\text{cm}^2 + 100\,\text{cm}^2 = 324\,\text{cm}^2 \quad \text{falsch}$$

Dreieck ABC ist nicht rechtwinklig.

Man kann sich auf die Beziehung $a^2 + b^2 = c^2$ beschränken, da c die größte Dreiecksseite ist und dieser in einem Dreieck der größte Winkel gegenüberliegt.

126 Die Raumdiagonale [BH] ist Hypothenuse im rechtwinkligen Dreieck DBH.
Katheten dieses Dreiecks sind die Würfelkante [DH] und die Diagonale [DB] des Grundflächenquadrats ABCD.

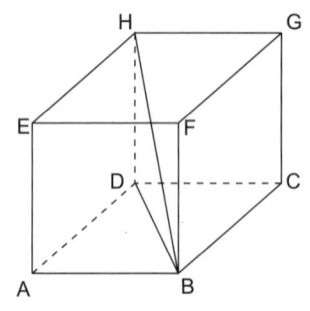

a) Diagonale [DB]:

$$\overline{DB}^2 = a^2 + a^2$$
$$\overline{DB}^2 = 2a^2$$
$$\overline{DB} = a\sqrt{2}$$

Raumdiagonale [BH]:

$\overline{BH}^2 = \overline{DB}^2 + \overline{DH}^2$

$\overline{BH}^2 = 2a^2 + a^2$

$\overline{BH}^2 = 3a^2$

$\overline{BH} = a\sqrt{3}$

b) a = 10 cm $\overline{DB} = 10\sqrt{2}$ cm $\overline{BH} = 10\sqrt{3}$ cm

$\overline{DB} \approx 14{,}14$ cm $\overline{BH} \approx 17{,}32$ cm

127 Gilt in einem Dreieck ABC der Höhensatz, so ist das Dreieck rechtwinklig.

Höhensatz:

$\overline{DC}^2 = \overline{AD} \cdot \overline{DB}$ ($\overline{DC} = 6$ LE; $\overline{AD} = 4$ LE; $\overline{DB} = 9$ LE)

$36\,\text{LE}^2 = 4\,\text{LE} \cdot 9\,\text{LE}$

Diese Aussage ist wahr.

Also ist Δ ABC bei C rechtwinklig.

Länge der Dreiecksseiten:

$\overline{AB} = \overline{AD} + \overline{DB}$

$\overline{AB} = 13$ LE

$\overline{AC}^2 = \overline{AD}^2 + \overline{DC}^2$

$\overline{AC}^2 = (4\,\text{LE})^2 + (6\,\text{LE})^2$

$\overline{AC} \approx 7{,}21$ LE

$\overline{AB}^2 = \overline{AC}^2 + \overline{BC}^2$

$\overline{BC}^2 = \overline{AB}^2 - \overline{AC}^2$

$\overline{BC}^2 = (13\,\text{LE})^2 - (7{,}21\,\text{LE})^2$

$\overline{BC} \approx 10{,}82$ LE

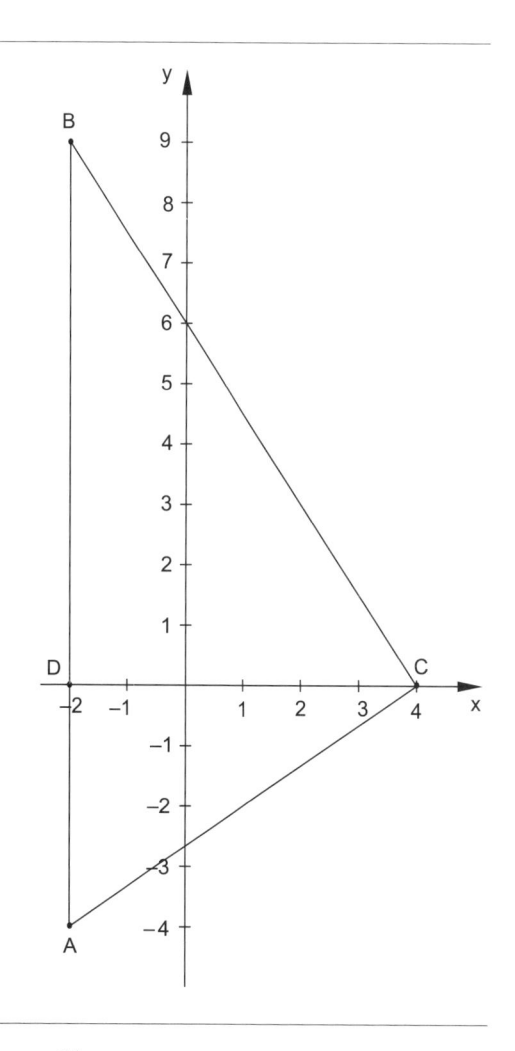

128 Koordinaten der Punkte A und B:

B(0|y): $y = -\dfrac{3}{2} \cdot 0 + 12$ $y = 12$

B(0|12)

A(x|0): $0 = -\dfrac{3}{2} \cdot x + 12$ $\Big| +\dfrac{3}{2}x$ $\Big| \cdot \dfrac{2}{3}$

$x = 8$

A(8|0)

$\overline{OA} = 8$ LE

$\overline{OB} = 12$ LE

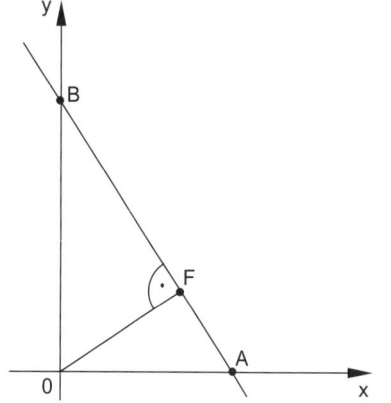

$\overline{AB}^2 = \overline{OA}^2 + \overline{OB}^2$ Satz des Pythagoras im Dreieck OAB

$\overline{AB}^2 = (8\,\text{LE})^2 + (12\,\text{LE})^2$

$\overline{AB}^2 = 208\,\text{LE}^2$

$\overline{AB} \approx 14{,}42\,\text{LE}$

Im rechtwinkligen Dreieck OAB sind [AF] und [BF] die Hypothenusenabschnitte und [OF] die Höhe.

$\overline{OA}^2 = \overline{AF} \cdot \overline{AB}$ Kathetensatz im Dreieck OAB

$\overline{AF} = \dfrac{\overline{OA}^2}{\overline{AB}}$

$\overline{AF} = \dfrac{(8\,\text{LE})^2}{14{,}42\,\text{LE}}$

$\overline{AF} \approx 4{,}44\,\text{LE}$

$\overline{OB}^2 = \overline{BF} \cdot \overline{AB}$ Kathetensatz im Dreieck OAB

$\overline{BF} = \dfrac{\overline{OB}^2}{\overline{AB}}$

$\overline{BF} = \dfrac{(12\,\text{LE})^2}{14{,}42\,\text{LE}}$

$\overline{BF} \approx 9{,}98\,\text{LE}$

$\overline{OF}^2 = \overline{AF} \cdot \overline{BF}$

$\overline{OF}^2 = 4{,}44\,\text{LE} \cdot 9{,}98\,\text{LE}$

$\overline{OF} \approx 6{,}66\,\text{LE}$

Flächeninhalt:

$A_{\triangle ABC} = \dfrac{1}{2} \cdot \overline{OA} \cdot \overline{OB}$

$A_{\triangle ABC} = \dfrac{1}{2} \cdot 8\,\text{LE} \cdot 12\,\text{LE}$

$A_{\triangle ABC} = 48\,\text{FE}$

---

129 Da das Maß des Winkels $\sphericalangle BS_2S_1 = 60°$ beträgt, ist das Dreieck BS_2S_3 gleichseitig. Die Seitenlänge ist $\overline{S_2S_3} = 2s = 90\,\text{m}$.
In diesem Dreieck ist die Höhe $[BS_1]$ die gesuchte Breite b des Flusses.

$\overline{S_2B}^2 = \overline{S_1S_2}^2 + \overline{S_1B}^2$ Satz des Pythagoras im Dreieck S_1BS_2

$(2s)^2 = s^2 + b^2$

$b^2 = 4s^2 - s^2$

$b^2 = 3s^2$

$b = s \cdot \sqrt{3}$

Mit $s = 45\,\text{m}$:

$b = 45\,\text{m} \cdot \sqrt{3}$

$b \approx 77{,}94\,\text{m}$

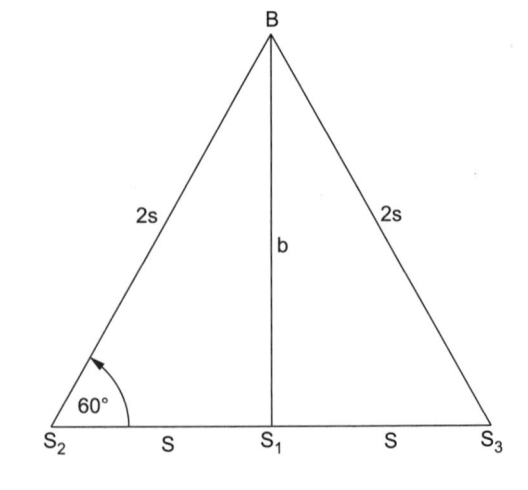

130 Die Tangente [PB$_1$] steht auf dem Radius [MB$_1$] senkrecht. Das Dreieck MPB$_1$ ist bei B$_1$ rechtwinklig.

a) $\overline{MP}^2 = \overline{PB_1}^2 + \overline{MB_1}^2$

$\overline{MP}^2 = (8\,cm)^2 + (6\,cm)^2$

$\overline{MP}^2 = 100\,cm^2$

$\overline{MP} = 10\,cm$

b) Im Dreieck MPB$_1$ ist [AB$_1$] die Höhe auf die Hypotenuse [MP] und [MA] ein Hypotenusenabschnitt.

$\overline{MB_1}^2 = \overline{MA} \cdot \overline{MP}$ Kathetensatz im Dreieck MPB$_1$

$\overline{MA} = \dfrac{\overline{MB_1}^2}{\overline{MP}}$

$\overline{MA} = \dfrac{(6\,cm)^2}{10\,cm}$

$\overline{MA} = 3,6\,cm$

$\overline{AP} = \overline{MP} - \overline{MA}$

$\overline{AP} = 10\,cm - 3,6\,cm$

$\overline{AP} = 6,4\,cm$

$\overline{AB_1}^2 = \overline{MA} \cdot \overline{AP}$ Höhensatz im Dreieck MPB$_1$

$\overline{AB_1}^2 = 3,6\,cm \cdot 6,4\,cm$

$\overline{AB_1}^2 = 23,04\,cm^2$

$\overline{AB_1} = 4,8\,cm$

Länge der Kreissehne:

$\overline{B_1B_2} = 2 \cdot \overline{AB_1}$

$\overline{B_1B_2} = 9,6\,cm$

7 Trigonometrie

131 Wir geben die Werte auf jeweils 5 Nachkommastellen an.

a) $\sin 22{,}5° \approx 0{,}38268$ $\cos 22{,}5° \approx 0{,}92388$ $\tan 22{,}5° \approx 0{,}41421$

b) $\sin 173° \approx 0{,}12187$ $\cos 173° \approx -0{,}99255$ $\tan 173° \approx -0{,}12278$

c) $\sin 225° \approx -0{,}70711$ $\cos 225° \approx -0{,}70711$ $\tan 225° = 1$

d) $\sin 263° \approx -0{,}99255$ $\cos 263° \approx -0{,}12187$ $\tan 263° \approx 8{,}14435$

e) $\sin 90° = 1$ $\cos 90° = 0$ $\tan 90°$ nicht definiert

f) $\sin 180° = 0$ $\cos 180° = -1$ $\tan 180° = 0$

g) $\sin 360° = 0$ $\cos 360° = 1$ $\tan 360° = 0$

h) $\sin 270° = -1$ $\cos 270° = 0$ $\tan 270°$ nicht definiert

---

132
a) $\sin \varphi = 0{,}25$ $\varphi \approx 14{,}48°$ oder $\varphi \approx 165{,}52°$

b) $\sin \varphi = -0{,}25$ $\varphi \approx 194{,}48°$ oder $\varphi \approx 345{,}52°$

c) $\sin \varphi = 0{,}75$ $\varphi \approx 48{,}59°$ oder $\varphi \approx 131{,}41°$

d) $\cos \varphi = 0{,}25$ $\varphi \approx 75{,}52°$ oder $\varphi \approx 284{,}48°$

e) $\cos \varphi = -0{,}25$ $\varphi \approx 104{,}48°$ oder $\varphi \approx 255{,}52°$

f) $\cos \varphi = 0{,}75$ $\varphi \approx 41{,}41°$ oder $\varphi \approx 318{,}59°$

g) $\tan \varphi = -1$ $\varphi = 135°$ oder $\varphi = 315°$

h) $\tan \varphi = 2$ $\varphi \approx 63{,}43°$ oder $\varphi \approx 243{,}43°$

i) $\tan \varphi = 0{,}5$ $\varphi \approx 26{,}57°$ oder $\varphi \approx 206{,}57°$

133
$c^2 = a^2 + b^2$
$a^2 = c^2 - b^2$
$a^2 = (12\,\text{cm})^2 - (7\,\text{cm})^2$
$a^2 = 95\,\text{cm}^2$
$a \approx 9{,}75\,\text{cm}$

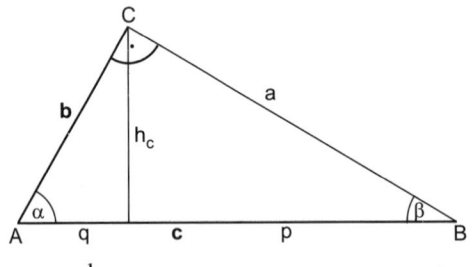

$\cos \alpha = \dfrac{b}{c}$

$\cos \alpha = \dfrac{7\,\text{cm}}{12\,\text{cm}}$

$\cos \alpha \approx 0{,}583333$

$\alpha \approx 54{,}31°$

$\sin \beta = \dfrac{b}{c}$

$\sin \beta = \dfrac{7\,\text{cm}}{12\,\text{cm}}$

$\sin \beta \approx 0{,}583333$

$\beta \approx 35{,}69°$

$b^2 = q \cdot c$ (Kathetensatz)

$q = \dfrac{b^2}{c}$

$q = \dfrac{(7\,\text{cm})^2}{12\,\text{cm}}$

$q \approx 4{,}08\,\text{cm}$

$a^2 = p \cdot c$ (Kathetensatz)

$p = \dfrac{a^2}{c}$

$p = \dfrac{(9{,}75\,\text{cm})^2}{12\,\text{cm}}$

$p \approx 7{,}92\,\text{cm}$

$h_c^2 = p \cdot q$ (Höhensatz)

$h_c^2 = 7{,}92\,\text{cm} \cdot 4{,}08\,\text{cm}$

$h_c^2 \approx 32{,}31\,\text{cm}^2$

$h_c \approx 5{,}68\,\text{cm}$

$A = \dfrac{1}{2} \cdot a \cdot b$

$A = \dfrac{1}{2} \cdot 7\,\text{cm} \cdot 9{,}75\,\text{cm}$

$A \approx 34{,}11\,\text{cm}^2$

---

134 Mittelpunktswinkel:

$\varphi = \dfrac{360°}{8}$

$\varphi = 45°$

Dreieck ADM:

$\sin \dfrac{\varphi}{2} = \dfrac{\overline{AD}}{\overline{AM}}$

$\sin \dfrac{\varphi}{2} = \dfrac{\overline{AD}}{r} \quad | \cdot r$

$\overline{AD} = r \cdot \sin \dfrac{\varphi}{2}$

$\overline{AD} = 12\,\text{cm} \cdot \sin 22{,}5°$

$\overline{AD} \approx 4{,}59\,\text{cm}$

Seitenlänge des Achtecks:

$s_8 = 2 \cdot \overline{AD}$

$s_8 = 9{,}18\,\text{cm}$

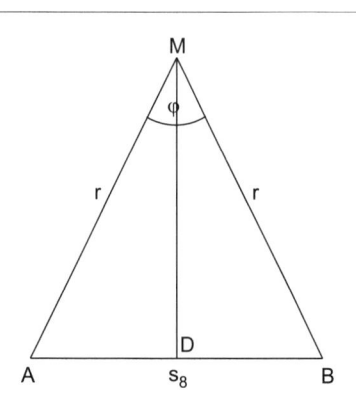

---

135 Dreieck ADC:

$\sin \alpha = \dfrac{h_c}{b} \quad | \cdot b$

$h_c = b \cdot \sin \alpha$

$h_c = 7\,\text{cm} \cdot \sin 48°$

$h_c \approx 5{,}20\,\text{cm}$

$\cos \alpha = \dfrac{\overline{AD}}{b} \quad | \cdot b$

$\overline{AD} = b \cdot \cos \alpha$

$\overline{AD} = 7\,\text{cm} \cdot \cos 48°$

$\overline{AD} \approx 4{,}68\,\text{cm}$

Dreieck DBC:

$\sin \beta = \dfrac{h_c}{a}$

$\sin \beta = \dfrac{5{,}20\,\text{cm}}{10{,}5\,\text{cm}}$

$\sin \beta \approx 0{,}49524$

$\beta \approx 29{,}69°$

$\cos \beta = \dfrac{\overline{DB}}{a} \quad | \cdot a$

$\overline{DB} = a \cdot \cos \beta$

$\overline{DB} = 10{,}5\,\text{cm} \cdot \cos 29{,}69°$

$\overline{DB} \approx 9{,}12\,\text{cm}$

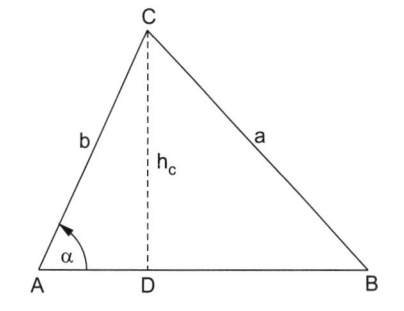

$c = \overline{AD} + \overline{DB}$

$c = 4{,}68 \text{ cm} + 9{,}12 \text{ cm}$

$c = 13{,}8 \text{ cm}$

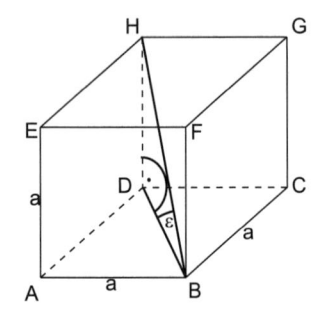

136

Dreieck DBH:

$\sin \varepsilon = \dfrac{\overline{DH}}{\overline{BH}}$

$\sin \varepsilon = \dfrac{a}{a\sqrt{3}}$

$\sin \varepsilon = \dfrac{1}{\sqrt{3}}$

$\sin \varepsilon = \dfrac{\sqrt{3}}{\sqrt{3} \cdot \sqrt{3}}$ Nenner rational machen

$\sin \varepsilon = \dfrac{\sqrt{3}}{3}$

$\sin \varepsilon \approx 0{,}57735$

$\varepsilon \approx 35{,}26°$

(oder: $\cos \varepsilon = \dfrac{a\sqrt{2}}{a\sqrt{3}}$ oder: $\tan \varepsilon = \dfrac{a}{a\sqrt{2}}$)

Das Ergebnis ist unabhängig von der Kantenlänge a des Würfels. Für jeden Würfel hat der Neigungswinkel der Raumdiagonale gegen die Grundfläche das gleiche Maß: $\varepsilon = 35{,}26°$.

---

137 Dreieck ADC:

$\sin 30° = \dfrac{\overline{AD}}{\overline{AC}} \quad | \cdot \overline{AC}$

$\overline{AD} = \overline{AC} \cdot \sin 30°$

$\overline{AD} = 12 \text{ cm} \cdot \sin 30°$

$\overline{AD} = 6 \text{ cm}$

$\cos 30° = \dfrac{h_c}{\overline{AC}} \quad | \cdot \overline{AC}$

$h_c = \overline{AC} \cdot \cos 30°$

$h_c = 12 \text{ cm} \cdot \cos 30°$

$h_c \approx 10{,}39 \text{ cm}$

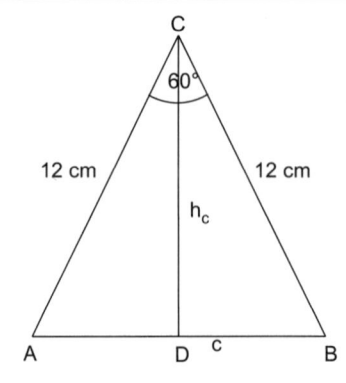

$c = 2 \cdot \overline{AD}$
$c = 2 \cdot 6$ cm
$c = 12$ cm
Dreieck ABC ist gleichseitig.

$A = \frac{1}{2} \cdot c \cdot h_c$

$A = \frac{1}{2} \cdot 12$ cm $\cdot 10,39$ cm

$A = 62,34$ cm^2

---

138 a) Höhe H des Turms:
Dreieck ABS:

$\tan \varphi = \dfrac{\overline{SB}}{\overline{AB}}$

$\tan \varphi = \dfrac{\overline{SB}}{50 \text{ m}}$ $\quad | \cdot 50$ m

$\overline{SB} = 50$ m $\cdot \tan 66,1°$

$\overline{SB} \approx 112,83$ m

$H = \overline{SB} + 1,50$ m

$H = 114,3$ m

$H \approx 114$ m

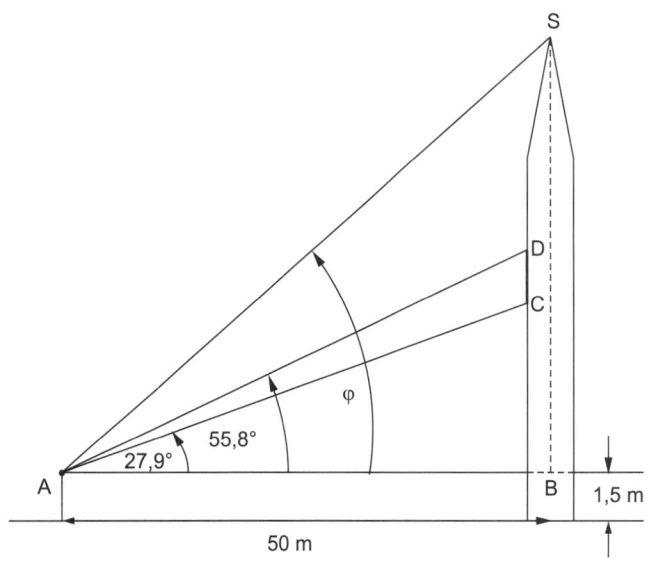

b) Höhe der ersten Aussichtsebene:
$h = \overline{BC} + 1,5$ m

$\overline{BC}$ berechnen wir aus dem rechtwinkligen Dreieck ABC.

Dreieck ABC:

$\tan 27,9° = \dfrac{\overline{BC}}{\overline{AB}}$ $\quad | \cdot \overline{AB}$

$\overline{BC} = \overline{AB} \cdot \tan 27,9°$

$\overline{BC} = 50$ m $\cdot \tan 27,9°$

$\overline{BC} \approx 26,5$ m

$h = 26,5$ m $+ 1,5$ m

$h = 28$ m

c) Höhe der dritten Aussichtsebene:
$\overline{CD} = \overline{BD} - \overline{BC}$

$\overline{BD}$ berechnen wir aus dem rechtwinkligen Dreieck ABD.

Dreieck ABD:

$\tan 55,8° = \dfrac{\overline{BD}}{\overline{AB}}$ $\quad | \cdot \overline{AB}$

$\overline{BD} = \overline{AB} \cdot \tan 55,8°$

$\overline{BD} = 50$ m $\cdot \tan 55,8°$

$\overline{BD} \approx 73,6$ m

Abstand zwischen erster und dritter Aussichtsebene:

$\overline{CD} = 73,6$ m $- 26,5$ m $= 47,1$ m

139 a) Flächeninhalt der Dreiecke BCP:

$$A = \frac{1}{2} \cdot \overline{BC} \cdot \overline{MP}$$

Dreieck MPQ:

$$\sin \varphi = \frac{b}{\overline{MP}} \quad | \cdot \overline{MP} \quad | : \sin \varphi$$

$$\overline{MP} = \frac{b}{\sin \varphi}$$

$$\overline{MP} = \frac{10 \text{ cm}}{\sin \varphi}$$

Flächeninhalt:

$$A = \frac{1}{2} \cdot 12 \text{ cm} \cdot \frac{10 \text{ cm}}{\sin \varphi}$$

$$A(\varphi) = \frac{60}{\sin \varphi} \text{ cm}^2$$

b) $\quad A = 75 \text{ cm}^2$

$$\frac{60 \text{ cm}^2}{\sin \varphi} = 75 \text{ cm}^2 \quad | \cdot \sin \varphi \quad | : 75 \text{ cm}^2$$

$$\sin \varphi = \frac{60 \text{ cm}^2}{75 \text{ cm}^2}$$

$$\sin \varphi = 0,8$$

$$\varphi \approx 53,13°$$

Für $\varphi = 53,13°$ beträgt der Flächeninhalt des zugehörigen Dreiecks BCP 75 cm².

c) $P \in [SR]$: $\quad \varphi_{max} = 90°$ $\quad$ P fällt mit R zusammen.
$\quad \varphi_{min} = 32°$ $\quad$ P fällt mit S zusammen.

$$\tan \varphi_{min} = \frac{b}{a}$$

$$\tan \varphi_{min} = \frac{10 \text{ cm}}{16 \text{ cm}}$$

$$\tan \varphi_{min} = 0,625$$

$$\varphi_{min} \approx 32°$$

Bereich für φ: $32° \leq \varphi \leq 90°$

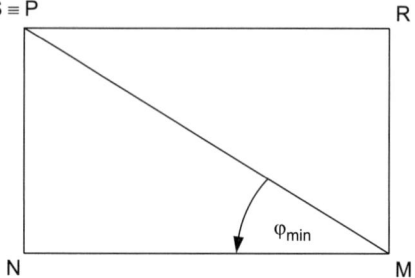

d) Flächeninhalt der Dreiecke BCP, wenn $P \in [NS]$:

$$A = \frac{1}{2} \cdot \overline{BC} \cdot \overline{PM}$$

Dreieck NMP:

$$\cos \varphi = \frac{a}{\overline{MP}} \quad | \cdot \overline{MP} \quad | : \cos \varphi$$

$$\overline{MP} = \frac{a}{\cos \varphi}$$

$$\overline{MP} = \frac{16 \text{ cm}}{\cos \varphi}$$

Flächeninhalt:

$$A = \frac{1}{2} \cdot 12 \text{ cm} \cdot \frac{16 \text{ cm}}{\cos \varphi}$$

$$A(\varphi) = \frac{96}{\cos \varphi} \text{ cm}^2$$

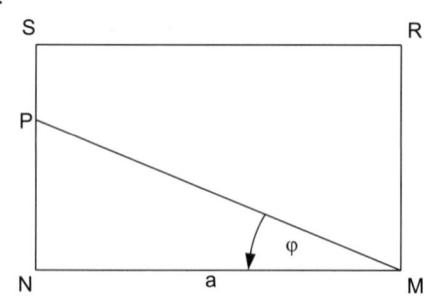

e) Da die Grundlinie $\overline{BC} = 12$ cm $= c$ der Dreiecke konstant ist, wird der Flächeninhalt maximal, wenn die Dreieckshöhe $\overline{PM}$ am größten wird. $\overline{PM}$ ist am größten, wenn P mit S zusammenfällt. Für diesen Fall ist $\varphi = 32°$ (s. Teilaufgabe c).

$\varphi = 32°$:

$A_{max} = \dfrac{60}{\sin 32°} \text{cm}^2$

$A_{max} \approx 113 \text{ cm}^2$

oder:

$A_{max} = \dfrac{96}{\cos 32°} \text{cm}^2$

$A_{max} \approx 113 \text{ cm}^2$

140 Steigungsdreieck: $\Delta y = 1$ LE und $\Delta x = 2$ LE

Winkel zwischen Gerade und x-Achse:

$\tan \alpha = \dfrac{\Delta y}{\Delta x}$

$\tan \alpha = \dfrac{1 \text{ LE}}{2 \text{ LE}}$

$\tan \alpha = 0{,}5$

$\alpha \approx 26{,}57°$

Winkel zwischen Gerade und y-Achse:

$\beta = 180° - 90° - \alpha$

$\beta = 63{,}43°$

oder:

$\tan \beta = \dfrac{2 \text{ LE}}{1 \text{ LE}}$

$\tan \beta = 2$

$\beta \approx 63{,}43°$

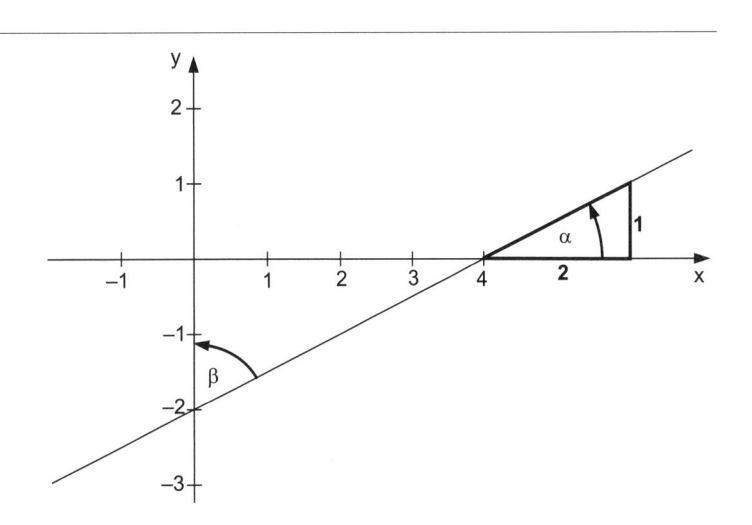

141 Dreieck QAB:

$\tan \beta = \dfrac{\overline{QA}}{s} \quad | \cdot s$

$\overline{QA} = s \cdot \tan \beta$

$\overline{QA} = 125 \text{ m} \cdot \tan 63°$

$\overline{QA} \approx 245{,}33 \text{ m}$

$x = \overline{PA} - \overline{QA}$

$x = 708{,}91 \text{ m} - 245{,}33 \text{ m}$

$x = 463{,}58 \text{ m}$

Dreieck PAB:

$\tan \alpha = \dfrac{\overline{PA}}{s} \quad | \cdot s$

$\overline{PA} = s \cdot \tan \alpha$

$\overline{PA} = 125 \text{ m} \cdot \tan 80°$

$\overline{PA} \approx 708{,}91 \text{ m}$

142 Maßzahl des Winkel α:

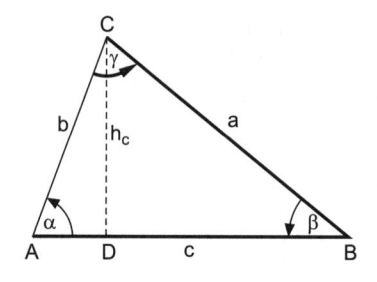

$\dfrac{a}{\sin \alpha} = \dfrac{c}{\sin \gamma}$ Sinussatz $\triangle ABC$

$c \cdot \sin \alpha = a \cdot \sin \gamma$

$\sin \alpha = \dfrac{a}{c} \cdot \sin \gamma$

$\sin \alpha = \dfrac{27{,}5 \text{ cm}}{36 \text{ cm}} \cdot \sin 42°$

$\alpha \approx 30{,}74°$

Maßzahl des Winkels β:
$\beta = 180° - \gamma - \alpha$
$\beta = 180° - 42° - 30{,}74°$
$\beta = 107{,}26°$

Länge der Seite b:
$b^2 = a^2 + c^2 - 2 \cdot a \cdot c \cdot \cos \beta$ Kosinussatz in $\triangle ABC$

$b^2 = (27{,}5 \text{ cm})^2 + (36 \text{ cm})^2 - 2 \cdot 27{,}5 \text{ cm} \cdot 36 \text{ cm} \cdot \cos 107{,}26°$

$b^2 \approx 2\,639{,}73 \text{ cm}^2$ $\cos \beta$ ist für $\beta = 107{,}26°$ negativ, sodass der Term $-2ac \cdot \cos \beta$ positiv wird.

$b \approx 51{,}38 \text{ cm}$

Höhe h_c:

$\sin \alpha = \dfrac{h_c}{b}$ $\triangle ABC$

$h_c = b \cdot \sin \alpha$
$h_c = 51{,}38 \text{ cm} \cdot \sin 30{,}74°$
$h_c \approx 26{,}26 \text{ cm}$

Flächeninhalt von $\triangle ABC$:

$A = \dfrac{1}{2} h_c \cdot c$

$A = \dfrac{1}{2} \cdot 26{,}26 \text{ cm} \cdot 36 \text{ cm}$

$A = 472{,}68 \text{ cm}^2$

oder:

$A = \dfrac{1}{2} \cdot a \cdot b \cdot \sin \gamma$

$A = \dfrac{1}{2} \cdot 27{,}5 \text{ cm} \cdot 51{,}38 \text{ cm} \cdot \sin 42°$

$A \approx 472{,}72 \text{ cm}^2$

---

143 Wir berechnen zunächst β_1:

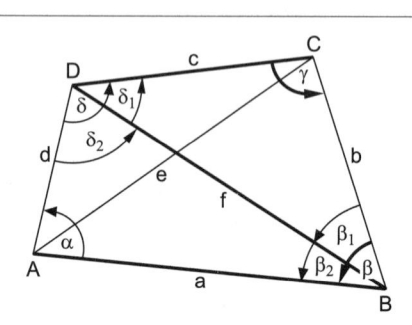

$\dfrac{c}{\sin \beta_1} = \dfrac{f}{\sin \gamma}$ Sinussatz $\triangle BCD$

$f \cdot \sin \beta_1 = c \cdot \sin \gamma$

$\sin \beta_1 = \dfrac{c}{f} \cdot \sin \gamma$

$\sin \beta_1 = \dfrac{21 \text{ cm}}{45 \text{ cm}} \cdot \sin 95°$

$\beta_1 \approx 27{,}70°$

Winkelmaß δ_1:
$\delta_1 = 180° - \gamma - \beta_1$
$\delta_1 = 180° - 95° - 27,70°$
$\delta_1 = 57,30°$

Seitenlänge b:
$b^2 = c^2 + f^2 - 2 \cdot c \cdot f \cdot \cos \delta_1$ Kosinussatz in $\triangle BCD$
$b^2 = (21 \text{ cm})^2 + (45 \text{ cm})^2 - 2 \cdot 21 \text{ cm} \cdot 45 \text{ cm} \cdot \cos 57,30°$
$b^2 \approx 1\,444,95 \text{ cm}^2$
$b \approx 38,01 \text{ cm}$

oder:
$\dfrac{b}{\sin \delta_1} = \dfrac{c}{\sin \beta_1}$ Sinussatz $\triangle BCD$

$b = \dfrac{\sin \delta_1}{\sin \beta_1} \cdot c$

$b = \dfrac{\sin 57,30°}{\sin 27,70°} \cdot 21 \text{ cm}$

$b \approx 38,02 \text{ cm}$

Winkelmaß β_2:
$\beta_2 = \beta - \beta_1$
$\beta_2 = 65° - 27,70°$
$\beta_2 = 37,30°$

Länge der Diagonalen e:
$e^2 = a^2 + b^2 - 2 \cdot a \cdot b \cdot \cos \beta$ Kosinussatz in $\triangle ABC$
$e^2 = (36 \text{ cm})^2 + (38,01 \text{ cm})^2 - 2 \cdot 36 \text{ cm} \cdot 38,01 \text{ cm} \cdot \cos 65°$
$e^2 \approx 1\,584,17 \text{ cm}^2$
$e \approx 39,80 \text{ cm}$

Seitenlänge d:
$d^2 = a^2 + f^2 - 2 \cdot a \cdot f \cdot \cos \beta_2$ Kosinussatz in $\triangle ABD$
$d^2 = (36 \text{ cm})^2 + (45 \text{ cm})^2 - 2 \cdot 36 \text{ cm} \cdot 45 \text{ cm} \cdot \cos 37,30°$
$d^2 \approx 743,67 \text{ cm}^2$
$d \approx 27,27 \text{ cm}$

Winkelmaß α:
$\dfrac{f}{\sin \alpha} = \dfrac{d}{\sin \beta_2}$ Sinussatz $\triangle ABC$

$d \cdot \sin \alpha = f \cdot \sin \beta_2$

$\sin \alpha = \dfrac{f}{d} \cdot \sin \beta_2$

$\sin \alpha = \dfrac{45 \text{ cm}}{27,27 \text{ cm}} \cdot \sin 37,30°$

$\alpha \approx 89,65°$

Winkelmaß δ_2:

$$\frac{a}{\sin \delta_2} = \frac{f}{\sin \alpha} \qquad \text{Sinussatz } \triangle ABD$$

$$f \cdot \sin \delta_2 = a \cdot \sin \alpha$$

$$\sin \delta_2 = \frac{a}{f} \cdot \sin \alpha$$

$$\sin \delta_2 = \frac{36 \text{ cm}}{45 \text{ cm}} \cdot \sin 89{,}65°$$

$$\delta_2 = 53{,}13°$$

Winkelmaß δ:

$\delta = \delta_1 + \delta_2$
$\delta = 57{,}30° + 53{,}13°$
$\delta \approx 110{,}43°$

Flächeninhalt des Vierecks ABCD:

$A = A_{\triangle ABC} + A_{\triangle ACD}$

$A = \frac{1}{2} \cdot a \cdot b \cdot \sin \beta + \frac{1}{2} \cdot c \cdot d \cdot \sin \delta$

$A = \frac{1}{2} \cdot 36 \text{ cm} \cdot 38{,}02 \text{ cm} \cdot \sin 65° + \frac{1}{2} \cdot 21 \text{ cm} \cdot 27{,}27 \text{ cm} \cdot \sin 110{,}43°$

$A \approx 888{,}40 \text{ cm}^2$

144 Aus den Eigenschaften eines Parallelogramms folgt:

$c = a = 12$ cm
$d = b = 9$ cm
$\gamma = \alpha = 48°$
$2\beta = 360° - 2\alpha \quad |:2$
$\quad \beta = 180° - \alpha$
$\quad \beta = 180° - 48°$
$\quad \beta = 132° = \delta$

Länge der Diagonalen f:

$f^2 = a^2 + d^2 - 2 \cdot a \cdot d \cdot \cos \alpha \qquad \text{Kosinussatz in } \triangle ABD$

$f^2 = (12 \text{ cm})^2 + (9 \text{ cm})^2 - 2 \cdot 12 \text{ cm} \cdot 9 \text{ cm} \cdot \cos 48°$

$f^2 \approx 80{,}46 \text{ cm}^2$

$f \approx 8{,}97 \text{ cm}$

Länge der Diagonalen e:

$e^2 = a^2 + b^2 - 2 \cdot a \cdot b \cdot \cos \beta \qquad \text{Kosinussatz in } \triangle ABC$

$e^2 = (12 \text{ cm})^2 + (9 \text{ cm})^2 - 2 \cdot 12 \text{ cm} \cdot 9 \text{ cm} \cdot \cos 132°$

$e^2 \approx 369{,}53 \text{ cm}^2$

$e \approx 19{,}22 \text{ cm}$

Flächeninhalt des Parallelogramms ABCD:

$A = 2 \cdot A_{\triangle ABC}$

$A = 2 \cdot \frac{1}{2} \cdot a \cdot b \cdot \sin \beta$

$A = 2 \cdot \frac{1}{2} \cdot 12 \text{ cm} \cdot 9 \text{ cm} \cdot \sin 132°$

$A \approx 80{,}26 \text{ cm}^2$

oder:

A = h · a

$\sin \alpha = \dfrac{h}{d}$ △AED

$h = d \cdot \sin \alpha$

$h = 9\,\text{cm} \cdot \sin 48°$

$h \approx 6{,}69\,\text{cm}$

A = 6,69 cm · 12 cm
A = 80,26 cm²

145

Winkelmaß	15°	75°	150°	225°	315°	−60°	−135°	65°	128°	234°	310°	348°
Bogenmaß	0,26	1,31	2,62	3,93	5,50	−1,05	−2,36	1,13	2,23	4,08	5,41	6,07

Hinweis: Die Werte sind gegebenenfalls gerundet.

146

Bogenmaß	0,45	0,80	1	1,5	1,85	2	2,75	3
Winkelmaß	25,8°	45,8°	57,3°	85,9°	106°	114,6°	157,6°	171,9°

Hinweis: Die Werte sind ggf. gerundet.

Bogenmaß	3,6	4,25	5	5,48	6	6,15	6,2
Winkelmaß	206,3°	243,5°	286,5°	314°	343,8°	352,4°	355,2°

---

147 Zeichne für den angegebenen Bereich $\left[-\dfrac{\pi}{2}; +\dfrac{5}{2}\pi\right]$ bzw. [−90°; +450°] die Grafen der Sinus-, Kosinus- und Tangensfunktion und lies am Grafen ab, für welche Winkel die jeweils angegebenen Werte angenommen werden. Überprüfe deine Ergebnisse dann mit dem Taschenrechner. *Hinweis:* Die Werte sind ggf. gerundet.

a) 48,6°   131,4°   408,6°
b) −14,5°   194,5°   345,5°
c) −41,4°   41,4°   318,6°   401,4°
d) 104,5°   255,5°
e) 56,3°   236,3°   416,3°
f) 71,6°   251,6°   431,6°

148
a) 30° < φ < 150°
b) 0° ≤ φ ≤ 30°   und   150° ≤ φ ≤ 210°   und   330° ≤ φ ≤ 360°
c) 30° < φ < 330°
d) 60° ≤ φ ≤ 90°   und   240° ≤ φ < 270°

---

149 a) $\tan \dfrac{\pi}{3} \approx 1{,}73$ $\tan \dfrac{\pi}{4} = 1$

$\tan\left(\dfrac{\pi}{3} + \pi\right) = \tan \dfrac{4}{3}\pi \approx 1{,}73$ $\tan\left(\dfrac{\pi}{4} + \pi\right) = \tan \dfrac{5}{4}\pi = 1$

b) $\sin\left(\dfrac{\pi}{3} + 2\pi\right) = \sin \dfrac{7}{3}\pi \approx 0{,}87$ $\sin\left(\dfrac{\pi}{2} + 2\pi\right) = \sin \dfrac{5}{2}\pi = 1$

$\sin \dfrac{\pi}{3} \approx 0{,}87$ $\sin \dfrac{\pi}{2} = 1$

c) $\cos\left(-\frac{\pi}{3}\right) = 0{,}5$ $\qquad\qquad\qquad$ $\cos\left(-\frac{\pi}{4}\right) \approx 0{,}71$

$\cos\frac{\pi}{3} = 0{,}5$ $\qquad\qquad\qquad\quad$ $\cos\frac{\pi}{4} \approx 0{,}71$

d) $\sin\left(\frac{\pi}{2} - \frac{\pi}{3}\right) = \sin\frac{\pi}{6} = 0{,}5$ $\qquad$ $\sin\left(\frac{\pi}{2} - \frac{\pi}{4}\right) = \sin\frac{\pi}{4} \approx 0{,}71$

$\cos\frac{\pi}{3} = 0{,}5$ $\qquad\qquad\qquad\quad$ $\cos\frac{\pi}{4} \approx 0{,}71$

Aus den Grafen der trigonometrischen Funktionen kannst du die Gültigkeit der angegebenen Beziehungen jeweils direkt ablesen.

150 Bei den trigonometrischen Funktionen wiederholen sich die Funktionswerte nach einem bestimmten Winkel- und Bogenmaß-Intervall, wir sagen nach einer Periode, exakt wieder.
Bei der Sinus- und Kosinusfunktion beträgt dieses Intervall bzw. diese Periode 360° oder 2π, bei der Tangensfunktion 180° oder π.

8 Kreis

151 a) Der Kreis mit dem Radius r ist Umkreis des gleichseitigen Dreiecks mit der Seitenlänge a.

Der Umkreisradius eines gleichseitigen Dreiecks ist: $\qquad r = \frac{2}{3} \cdot \frac{a}{2} \cdot \sqrt{3}$

Wir lösen die Beziehung nach der gesuchten Größe a auf: $\qquad \frac{3r}{\sqrt{3}} = a$

Rationalmachen des Nenners; Bruch mit $\sqrt{3}$ erweitern: $\qquad a = \frac{3\sqrt{3}r}{\sqrt{3} \cdot \sqrt{3}}$

Allgemein: $\qquad a = r\sqrt{3}$

Mit $r = 6$ cm: $\qquad a = 6\sqrt{3}$ cm

b) Verhältnis der Flächeninhalte:

$\dfrac{A_{Kreis}}{A_{Dreieck}} = \dfrac{r^2\pi}{\frac{a^2}{4}\sqrt{3}}$

$\dfrac{A_{Kreis}}{A_{Dreieck}} = \dfrac{r^2\pi}{\frac{(r\sqrt{3})^2}{4}\sqrt{3}}$

$\dfrac{A_{Kreis}}{A_{Dreieck}} = \dfrac{4 \cdot r^2 \cdot \pi}{r^2 \cdot 3 \cdot \sqrt{3}}$

$\dfrac{A_{Kreis}}{A_{Dreieck}} = \dfrac{4\pi}{3\sqrt{3}}$

$\dfrac{A_{Kreis}}{A_{Dreieck}} = \dfrac{4}{9}\sqrt{3}\pi$

c) Verhältnis der Flächeninhalte von Umkreis und Inkreis:

$$\frac{A_{Umkreis}}{A_{Inkreis}} = \frac{\left(\frac{2}{3} \cdot \frac{a}{2} \cdot \sqrt{3}\right)^2 \pi}{\left(\frac{1}{3} \cdot \frac{a}{2} \cdot \sqrt{3}\right)^2 \pi} = \frac{4}{1}$$

Verhältnis der Umfänge von Umkreis und Inkreis:

$$\frac{u_{Umkreis}}{u_{Inkreis}} = \frac{2 \cdot r_u \cdot \pi}{2 \cdot r_i \cdot \pi}$$

$$\frac{u_{Umkreis}}{u_{Inkreis}} = \frac{2 \cdot \frac{2}{3} \cdot \frac{a}{2} \cdot \sqrt{3} \cdot \pi}{2 \cdot \frac{1}{3} \cdot \frac{a}{2} \cdot \sqrt{3} \cdot \pi}$$

$$\frac{u_{Umkreis}}{u_{Inkreis}} = \frac{2}{1}$$

152 Fußball:

$u_{alt} = 2 \cdot r \cdot \pi$
$u_{alt} = 2 \cdot 11\,\text{cm} \cdot \pi$
$u_{alt} = 22\pi\,\text{cm}$

$\left.\begin{array}{l} u_{neu} = 2 \cdot (11\,\text{cm} + d) \cdot \pi \\ u_{neu} = u_{alt} + 100\,\text{cm} \\ u_{neu} = 22\pi\,\text{cm} + 100\,\text{cm} \end{array}\right\}$ $2 \cdot (11\,\text{cm} + d) \cdot \pi = 22\pi\,\text{cm} + 100\,\text{cm}$

$\qquad\qquad\qquad\qquad 22\pi\,\text{cm} + 2\pi d = 22\pi\,\text{cm} + 100\,\text{cm}$

$\qquad\qquad\qquad\qquad\qquad 2\pi d = 100\,\text{cm} \qquad |:2\pi$

$\qquad\qquad\qquad\qquad\qquad d = \frac{100\,\text{cm}}{2\pi}$

$\qquad\qquad\qquad\qquad\qquad d \approx 15{,}92\,\text{cm}$

Erde:

$2 \cdot (6\,370\,\text{km} + d) \cdot \pi = 2 \cdot 6\,370\,\text{km} \cdot \pi + 1\,\text{m}$
$\quad 12\,740\pi\,\text{km} + 2\pi d = 12\,740\pi\,\text{km} + 1\,\text{m}$
$\qquad\qquad\qquad 2\pi d = 1\,\text{m} \qquad |:2\pi$
$\qquad\qquad\qquad d \approx 15{,}92\,\text{cm}$

Der Abstand d ist unabhängig von der Größe, d. h. vom Radius des kugelförmigen Körpers. Dies kann man allgemein auch folgendermaßen zeigen:

$\left.\begin{array}{l} u_{neu} = 2 \cdot (r + d) \cdot \pi \\ u_{neu} = u_{alt} + 1\,\text{m} = 2r\pi + 1\,\text{m} \end{array}\right\}$ $2 \cdot (r + d) \cdot \pi = 2r\pi + 1\,\text{m}$

$\qquad\qquad\qquad\qquad 2r\pi + 2\pi d = 2r\pi + 1\,\text{m}$

$\qquad\qquad\qquad\qquad\qquad 2\pi d = 1\,\text{m} \qquad |:2\pi$

$\qquad\qquad\qquad\qquad\qquad d = \frac{1\,\text{m}}{2\pi}$

$\qquad\qquad\qquad\qquad\qquad d \approx 15{,}92\,\text{cm}$

153 $A_{Ring} = A_{Umkreis} - A_{Inkreis}$

$A_{Ring} = r_u^2 \pi - r_i^2 \pi$

$A_{Ring} = (r_u^2 - r_i^2)\pi$

$A_{Ring} = \left[\left(\frac{2}{3} \cdot \frac{a}{2} \cdot \sqrt{3}\right)^2 - \left(\frac{1}{3} \cdot \frac{a}{2} \cdot \sqrt{3}\right)^2\right] \cdot \pi$

$A_{Ring} = \left(\frac{4}{9} \cdot \frac{a^2}{4} \cdot 3 - \frac{1}{9} \cdot \frac{a^2}{4} \cdot 3\right) \cdot \pi$

$A_{Ring} = \frac{a^2}{4} \cdot 3 \cdot \left(\frac{4}{9} - \frac{1}{9}\right) \cdot \pi$

$A_{Ring} = \frac{3}{9} \cdot \frac{a^2}{4} \cdot 3 \cdot \pi$

$A_{Ring} = \frac{a^2}{4} \cdot \pi$

---

154 Geschwindigkeit v ist der Quotient aus Weg s und Zeit t: $v = \frac{s}{t}$

Dabei ist der von einem Punkt auf dem Äquator im Laufe eines Tages zurückgelegte Weg der Erdumfang.

$v = \frac{u_{Erde}}{1\,d}$

$v = \frac{2 \cdot R_{Erde} \cdot \pi}{24\,h}$

$v = \frac{2 \cdot 6\,370\,km \cdot \pi}{24\,h}$

$v \approx 1\,668\,\frac{km}{h}$

(zum Vergleich: Die Schallgeschwindigkeit beträgt etwa $1\,220\,\frac{km}{h}$.)

---

155 a) $b = 2\pi r \cdot \frac{\varphi}{360°}$

$b = 2\pi \cdot 25\,cm \cdot \frac{75°}{360°}$

$b \approx 32,72\,cm$

b) $b = 2\pi r \cdot \frac{\varphi}{360°}$ $\quad$ $u = b + 2r$ $\quad$ $A = r^2 \pi \frac{\varphi}{360°}$

$b = 2\pi \cdot 12\,cm \cdot \frac{120°}{360°}$ $\quad$ $u = 25,13\,cm + 2 \cdot 12\,cm$ $\quad$ $A = (12\,cm)^2 \pi \frac{120°}{360°}$

$b = 8\pi\,cm\,(\approx 25,13\,cm)$ $\quad$ $u = 49,13\,cm$ $\quad$ $A = 48\pi\,cm^2\,(\approx 150,80\,cm^2)$

c) Radius des Kreises: r

Seitenlänge des einbeschriebenen Quadrats:

$a^2 + a^2 = (2r)^2$ $\quad$ (Satz des Pythagoras)

$2a^2 = 4r^2$

$a^2 = 2r^2$

$a = r\sqrt{2}$

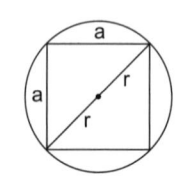

$$A_{Sektor} = r^2 \cdot \pi \cdot \frac{\varphi}{360°} = (r\sqrt{2})^2 = A_{Quadrat}$$

$$r^2 \cdot \pi \cdot \frac{\varphi}{360°} = 2r^2 \qquad |:r^2 \qquad \Big| \cdot \frac{360°}{\pi}$$

$$\varphi = \frac{720°}{\pi}$$

$$\varphi \approx 229{,}18°$$

156 $s = v \cdot t$

$s = 1\,668 \, \frac{km}{h} \cdot 1\,h$ (s. Aufgabe 160)

$s = 1\,668 \, km$

157 Wir betrachten ein Viertelquadrat mit der Seitenlänge $\frac{a}{2}$ und ein Blatt der eingefärbten Fläche.

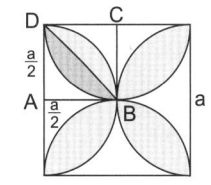

$A_{Blatt} = 2 \cdot (A_{Sektor\,ABD} - A_{Dreieck\,ABD})$

Radius des Kreissektors: $\frac{a}{2}$

Mittelpunktswinkel des Sektors: $90°$

Flächeninhalt der Figur:

$$A_{Blatt} = 2 \cdot \left[\left(\frac{a}{2}\right)^2 \cdot \pi \cdot \frac{90°}{360°} - \frac{1}{2} \cdot \frac{a}{2} \cdot \frac{a}{2}\right] FE$$

$$A_{Blatt} = 2 \cdot \left(\frac{a^2}{4} \cdot \pi \cdot \frac{1}{4} - \frac{a^2}{8}\right) FE$$

$$A_{Blatt} = 2 \cdot \left(\frac{a^2 \cdot \pi}{16} - \frac{a^2}{8}\right) FE$$

$$A_{Blatt} = 2 \cdot \frac{a^2}{8} \cdot \left(\frac{\pi}{2} - 1\right) FE$$

Gesamter Flächeninhalt:

$A = 4 \cdot A_{Blatt}$

$A = 4 \cdot 2 \cdot \frac{a^2}{8} \cdot \left(\frac{\pi}{2} - 1\right) FE$

$A = a^2 \cdot \left(\frac{\pi}{2} - 1\right) FE$

Für $a = 8\,cm$:

$A = (8\,cm)^2 \cdot \left(\frac{\pi}{2} - 1\right) FE$

$A \approx 36{,}53\,cm^2$

Umfang der Figur:

Der Umfang u besteht aus 8 Viertelkreisbögen mit dem Radius $r = \frac{a}{2}$.

$u = 8 \cdot 2 \cdot \pi \cdot r \cdot \frac{\varphi}{360°}$

$u = 8 \cdot 2 \cdot \pi \cdot \frac{a}{2} \cdot \frac{90°}{360°}$

$u = 2\pi a$

Für a = 8 cm:
u = 2π · 8 cm
u = 16π cm
u ≈ 50,27 cm

158 Flächeninhalt eines Möndchens: $A = A_{Halbkreis} - (A_{Sektor} - A_{Dreieck})$

Flächeninhalt beider Möndchen zusammen:

$$A = \frac{1}{2} \cdot \left(\frac{b}{2}\right)^2 \cdot \pi - \left(\left(\frac{c}{2}\right)^2 \pi \frac{\varphi_b}{360°} - A_{\triangle ADC}\right) + \frac{1}{2} \cdot \left(\frac{a}{2}\right)^2 \cdot \pi - \left(\left(\frac{c}{2}\right)^2 \pi \frac{\varphi_a}{360°} - A_{\triangle DBC}\right)$$

$$A = b^2 \cdot \frac{\pi}{8} - \frac{c^2 \cdot \pi}{4} \cdot \frac{\varphi_b}{360°} + A_{\triangle ADC} + a^2 \cdot \frac{\pi}{8} - \frac{c^2 \cdot \pi}{4} \cdot \frac{\varphi_a}{360°} + A_{\triangle DBC}$$

$$A = a^2 \cdot \frac{\pi}{8} + b^2 \cdot \frac{\pi}{8} - \frac{c^2 \cdot \pi}{4}\left(\frac{\varphi_b}{360°} + \frac{\varphi_a}{360°}\right) + \underbrace{(A_{\triangle ADC} + A_{\triangle DBC})}$$

$$A = a^2 \cdot \frac{\pi}{8} + b^2 \cdot \frac{\pi}{8} - \frac{c^2 \cdot \pi}{4} \cdot \frac{\varphi_b + \varphi_a}{360°} \quad + \quad A_{\triangle ABC}$$

$$A = a^2 \cdot \frac{\pi}{8} + b^2 \cdot \frac{\pi}{8} - \frac{c^2 \cdot \pi}{4} \cdot \frac{1}{2} + \frac{1}{2} \cdot a \cdot b$$

$$A = a^2 \cdot \frac{\pi}{8} + b^2 \cdot \frac{\pi}{8} - c^2 \cdot \frac{\pi}{8} \quad + \quad \frac{1}{2} \cdot a \cdot b$$

$$A = \frac{\pi}{8} \cdot \underbrace{(a^2 + b^2 - c^2)}_{=0} + \frac{1}{2} \cdot a \cdot b \qquad \text{Satz des Pythagoras:} \quad \begin{aligned} a^2 + b^2 &= c^2 \quad |-c^2 \\ a^2 + b^2 - c^2 &= 0 \end{aligned}$$

$$A = \frac{\pi}{8} \cdot 0 + \frac{1}{2} \cdot a \cdot b$$

$$A = \frac{1}{2} \cdot a \cdot b$$

Da die Fläche des rechtwinkligen Dreiecks ABC ebenfalls $\frac{1}{2} \cdot a \cdot b$ ist, ist die Behauptung bewiesen.

9 Körper

159 a) $\varphi = 45°$ $q = \dfrac{1}{2}$ $[AB] \in s$

$\overline{BC}_{\text{Zeich.}} = \dfrac{1}{2} \cdot \overline{BC}_{\text{wahr}}$

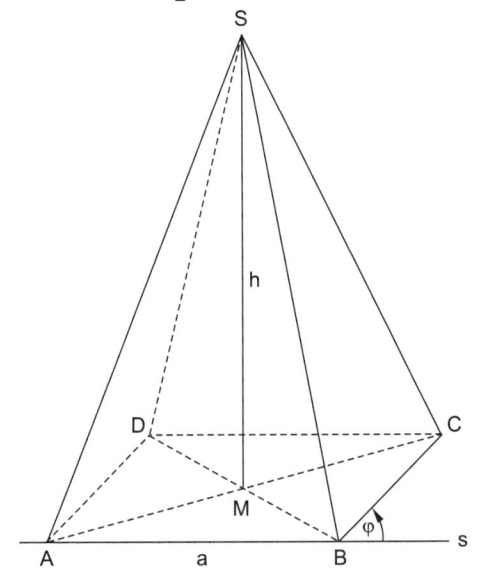

(Zeichnungsmaßstab 1 : 2)

b) $\varphi = 30°$ $q = \dfrac{1}{3}$ $[DC] \in s$

$\overline{BC}_{\text{Zeich.}} = \dfrac{1}{3} \cdot \overline{BC}_{\text{wahr}}$

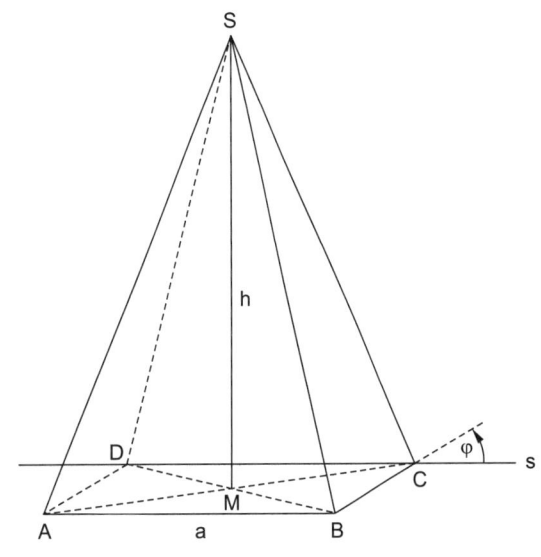

(Zeichnungsmaßstab 1 : 2)

c) $\varphi = 45°$ $q = \dfrac{2}{3}$ $[AB] \in s$

$\overline{BC}_{\text{Zeich.}} = \dfrac{2}{3} \cdot \overline{BC}_{\text{wahr}}$

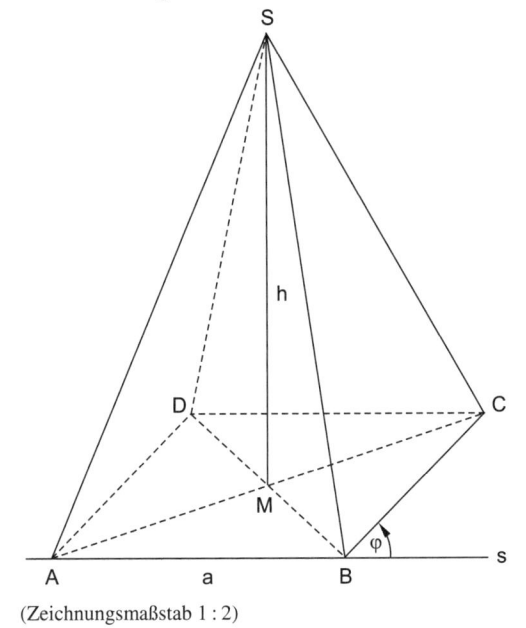

(Zeichnungsmaßstab 1 : 2)

160 $\overline{AB} = 8\,\text{cm}$ in wahrer Länge

Höhe h_c des Dreiecks ABC:

$h_c^2 = \overline{BC}^2 - \left(\dfrac{\overline{AB}}{2}\right)^2$

$h_c^2 = (10\,\text{cm})^2 - (4\,\text{cm})^2$

$h_c^2 = 84\,\text{cm}^2$

$h_c \approx 9{,}17\,\text{cm}$

$h_{c\,\text{Zeichnung}} = \dfrac{1}{2} \cdot h_c$ verkürzt

$\overline{AD} = 10\,\text{cm}$ in wahrer Länge

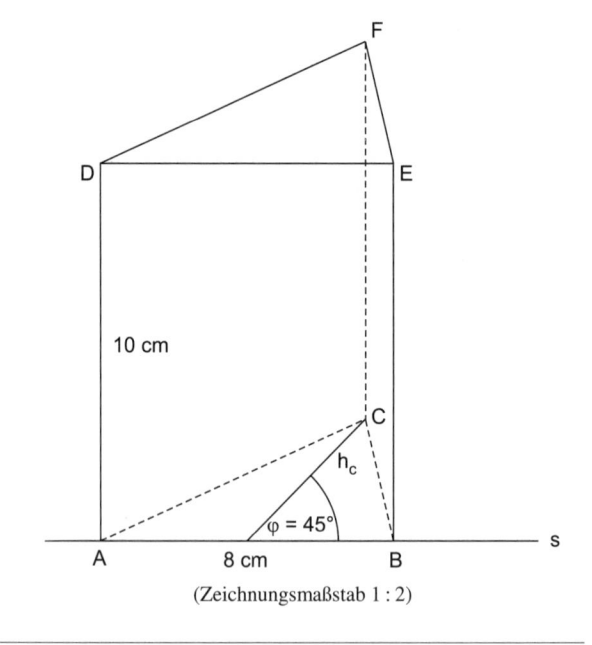

(Zeichnungsmaßstab 1 : 2)

---

161 $\overline{MA} = 4\,\text{cm}\;(= r)$ in wahrer Länge

$\overline{MB}_{\text{Zeich}} = \dfrac{1}{2} \cdot \overline{MB}_{\text{wahr}} = \dfrac{1}{2} \cdot r$ verkürzt

$\overline{MN} = 8\,\text{cm}\;(= h)$ in wahrer Länge

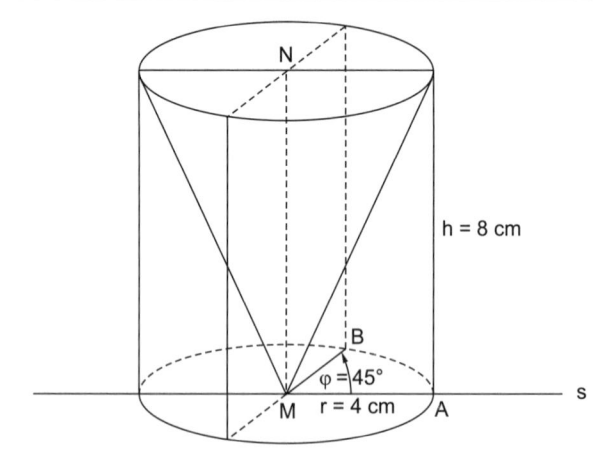

(Zeichnungsmaßstab 1 : 2)

---

162 $V = 4\,\text{cm} \cdot 5\,\text{cm} \cdot b$

$V = 20\,\text{cm}^2 \cdot b$

$O = 2 \cdot 4\,\text{cm} \cdot b + 2 \cdot 5\,\text{cm} \cdot b + 2 \cdot 4\,\text{cm} \cdot 5\,\text{cm}$

$O = 8\,\text{cm} \cdot b + 10\,\text{cm} \cdot b + 40\,\text{cm}^2$

$O = 18\,\text{cm} \cdot b + 40\,\text{cm}^2$

$O = 184\,\text{cm}^2 \Rightarrow 18\,\text{cm} \cdot b + 40\,\text{cm}^2 = 184\,\text{cm}^2$ $\quad |-40\,\text{cm}^2$

$\phantom{O = 184\,\text{cm}^2 \Rightarrow}\;\; 18\,\text{cm} \cdot b = 144\,\text{cm}^2$ $\quad |:18\,\text{cm}$

$\phantom{O = 184\,\text{cm}^2 \Rightarrow \;\; 18\,\text{cm} \cdot}\; b = 8\,\text{cm}$

$V = 20\,\text{cm}^2 \cdot 8\,\text{cm}$

$V = 160\,\text{cm}^3$

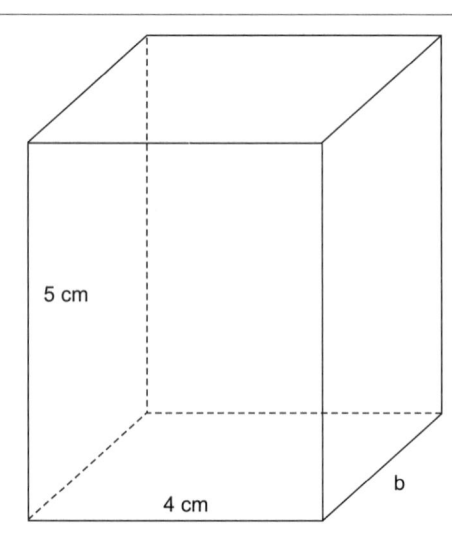

163 Volumen:
$$V = G \cdot h$$
$$V = \frac{1}{2} \cdot 6\,cm \cdot 8\,cm \cdot 6\,cm$$
$$V = 144\,cm^3$$
(Das Dreieck ist wegen $10^2 = 6^2 + 8^2$ rechtwinklig.)
Oberfläche:
$$O = 2 \cdot G + A_1 + A_2 + A_3 \qquad (A_1, A_2, A_3 \text{ sind die Inhalte der 3 Seitenflächen})$$
$$O = 2 \cdot \frac{1}{2} \cdot 6\,cm \cdot 8\,cm + 6\,cm \cdot 6\,cm + 8\,cm \cdot 6\,cm + 10\,cm \cdot 6\,cm$$
$$O = 48\,cm^2 + 36\,cm^2 + 48\,cm^2 + 60\,cm^2$$
$$O = 192\,cm^2$$

164 Ein regelmäßiges Sechseck (Grundfläche) besteht aus sechs gleichseitigen Dreiecken mit der Seitenlänge $s = r$ ($= 5\,cm$). r ist dabei der Umkreisradius des Sechsecks.
Grundfläche:
$$G = 6 \cdot \frac{s^2}{4} \cdot \sqrt{3} \qquad \text{Flächeninhalt eines gleichseitigen Dreiecks}$$
$$G = \frac{3}{2} \cdot (5\,cm)^2 \cdot \sqrt{3} \qquad \text{mit Seitenlänge s: } A = \frac{s^2}{4} \cdot \sqrt{3}$$
$$G \approx 64{,}95\,cm^2$$
Volumen des Prismas:
$$V = G \cdot h$$
$$V = 64{,}95\,cm^2 \cdot 10\,cm$$
$$V = 649{,}5\,cm^3$$

Mantelfläche:
$$M = 6 \cdot A_{Rechteck} \qquad \text{Die Seitenflächen sind Rechtecke}$$
$$M = 6 \cdot s \cdot h \qquad \text{mit den Seitenlängen s und h.}$$
$$M = 6 \cdot 5\,cm \cdot 10\,cm$$
$$M = 300\,cm^2$$

Oberfläche:
$$O = 2 \cdot G + M$$
$$O = 2 \cdot 64{,}95\,cm^2 + 300\,cm^2$$
$$O = 429{,}9\,cm^2$$

165 Grundfläche:
$$G = \frac{a+c}{2} \cdot h_T$$
$$G = \frac{8\,cm + 4{,}5\,cm}{2} \cdot 4{,}5\,cm$$
$$G = 28{,}125\,cm^2$$

Volumen:
$$V = G \cdot h$$
$$V = 28{,}125\,cm^2 \cdot 6\,cm$$
$$V = 168{,}75\,cm^3$$

Mantelfläche:
$$M = a \cdot h + b \cdot h + c \cdot h + d \cdot h$$
$$M = h\,(a+b+c+d)$$

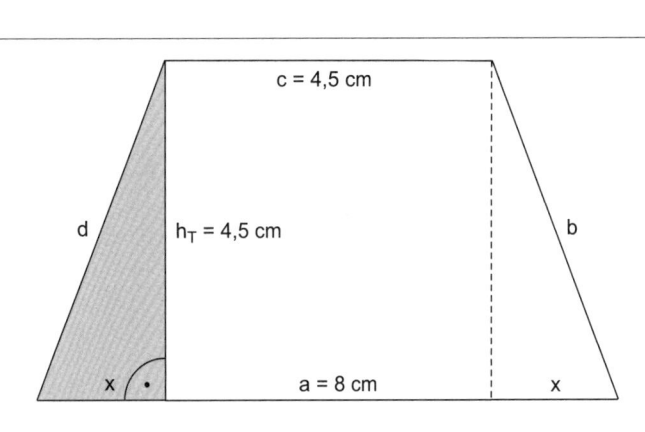

Die Seitenlängen b und d sind gleich. Wir müssen sie aber zunächst berechnen:
$$2x = a - c$$
$$x = \frac{a-c}{2}$$
$$x = \frac{8\,cm - 4{,}5\,cm}{2}$$
$$x = 1{,}75\,cm$$

$d^2 = h^2 + x^2$ Satz des Pythagoras im schraffierten,
$d^2 = (4,5\,\text{cm})^2 + (1,75\,\text{cm})^2$ rechtwinkligen Dreieck
$d^2 = 20,25\,\text{cm}^2 + 3,06\,\text{cm}^2$
$d^2 = 23,31\,\text{cm}^2$
$d \approx 4,83\,\text{cm}\ (= b)$

$M = h \cdot (a + b + c + d)$
$M = 6\,\text{cm} \cdot (8\,\text{cm} + 4,83\,\text{cm} + 4,5\,\text{cm} + 4,83\,\text{cm})$
$M = 132,96\,\text{cm}^2$

Oberfläche:
$O = 2 \cdot G + M$
$O = 2 \cdot 28,125\,\text{cm}^2 + 132,96\,\text{cm}^2$
$O = 189,21\,\text{cm}^2$

166 a) Seitenfläche 1:
$a \cdot h = 256\,\text{cm}^2$
$16\,\text{cm} \cdot a = 256\,\text{cm}^2$
$a = 16\,\text{cm}$

Volumen:
$V = a \cdot b \cdot h$
$V = 16\,\text{cm} \cdot 8\,\text{cm} \cdot 16\,\text{cm}$
$V = 2\,048\,\text{cm}^3$

Seitenfläche 2:
$b \cdot h = 128\,\text{cm}^2$
$16\,\text{cm} \cdot a = 128\,\text{cm}^2$
$b = 8\,\text{cm}$

Oberfläche:
$O = 2 \cdot G + 2 \cdot \text{Seitenfläche 1} + 2 \cdot \text{Seitenfläche 2}$
$O = 2 \cdot 16\,\text{cm} \cdot 8\,\text{cm} + 2 \cdot 256\,\text{cm}^2 + 2 \cdot 128\,\text{cm}^2$
$O = 1\,024\,\text{cm}^2$

b) Grundfläche des abgeschnittenen Prismas ist das rechtwinklige Dreieck AMD mit den Seitenlänge $\frac{a}{2}$ und $\overline{AD} = b$.

Grundfläche:
$G = \frac{1}{2} \cdot \frac{a}{2} \cdot b$
$G = \frac{1}{2} \cdot 8\,\text{cm} \cdot 8\,\text{cm}$
$G = 32\,\text{cm}^2$

Volumen des Prismas:
$V = G \cdot h$
$V = 32\,\text{cm}^2 \cdot 16\,\text{cm}$
$V = 512\,\text{cm}^3$

Oberfläche des Prismas:
Die Oberfläche des abgeschnittenen Prismas besteht aus Grund- und Deckfläche sowie den drei Seitenflächen (Rechtecken) mit den Flächeninhalten $\overline{AM} \cdot h$, $\overline{AD} \cdot h$ und $\overline{MD} \cdot h$.
Die Seitenlänge $\overline{MD}$ müssen wir zuerst berechnen:

$\overline{MD}^2 = \left(\frac{a}{2}\right)^2 + b^2$
$\overline{MD}^2 = (8\,\text{cm})^2 + (8\,\text{cm})^2$
$\overline{MD}^2 = 128\,\text{cm}^2$
$\overline{MD} \approx 11,31\,\text{cm}$

$O = 2 \cdot G + \overline{AM} \cdot h + \overline{AD} \cdot h + \overline{MD} \cdot h$
$O = 2 \cdot 32\,\text{cm}^2 + 8\,\text{cm} \cdot 16\,\text{cm} + 8\,\text{cm} \cdot 16\,\text{cm} + 11,31\,\text{cm} \cdot 16\,\text{cm}$
$O = 500,96\,\text{cm}^2$

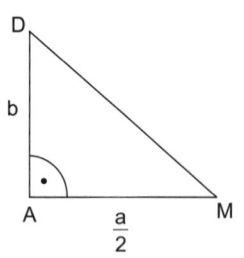

167 Der bei der Rotation entstehende Zylinder hat den Radius: $r = \frac{a}{2}$ und die Höhe $h = b$.

Volumen:	Mantelfläche:	Oberfläche:
$V = r^2\pi h$	$M = 2r\pi h$	$O = 2r^2\pi + M$
$V = (4\,\text{cm})^2 \cdot \pi \cdot 5\,\text{cm}$	$M = 2 \cdot 4\,\text{cm} \cdot \pi \cdot 5\,\text{cm}$	$O = 2 \cdot (4\,\text{cm})^2 \cdot \pi + 40\pi\,\text{cm}^2$
$V = 80\pi\,\text{cm}^3$	$M = 40\pi\,\text{cm}^2$	$O = 72\pi\,\text{cm}^2$
$V \approx 251{,}33\,\text{cm}^3$	$M \approx 125{,}66\,\text{cm}^2$	$O \approx 226{,}19\,\text{cm}^2$

168

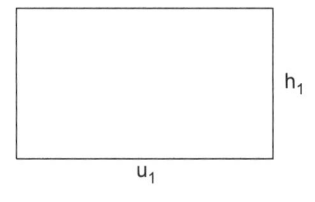

Zylinder 1

$u_1 = 29{,}7\,\text{cm} = 2 \cdot r_1 \cdot \pi$

$r_1 = \dfrac{29{,}7\,\text{cm}}{2 \cdot \pi}$

$r_1 \approx 4{,}73\,\text{cm}$

$V_1 = r_1^2 \cdot \pi \cdot h_1$

$V_1 = \left(\dfrac{29{,}7}{2\pi}\,\text{cm}\right)^2 \cdot \pi \cdot 21\,\text{cm}$

$V_1 \approx 1\,474{,}08\,\text{cm}^3$

$V_1 \approx 1{,}47\,\text{dm}^3$

Zylinder 2

$u_2 = 21\,\text{cm} = 2 \cdot r_2 \cdot \pi$

$r_2 = \dfrac{21\,\text{cm}}{2 \cdot \pi}$

$r_2 \approx 3{,}342\,\text{cm}$

$V_2 = r_2^2 \cdot \pi \cdot h_2$

$V_2 = \left(\dfrac{21{,}1}{2\pi}\,\text{cm}\right)^2 \cdot \pi \cdot 29{,}7\,\text{cm}$

$V_2 \approx 1\,042{,}28\,\text{cm}^3$

$V_2 \approx 1{,}04\,\text{dm}^3$

169 Der Radius des einbeschriebenen Zylinders ist $\frac{a}{2}$, dessen Höhe a.

$V = r^2\pi h$ $\qquad$ $M = 2r\pi h$

$V = \left(\dfrac{a}{2}\right)^2 \pi \cdot a$ $\qquad$ $M = 2 \cdot \dfrac{a}{2} \cdot \pi \cdot a$

$V = \dfrac{a^3}{4} \cdot \pi$ $\qquad$ $M = a^2 \cdot \pi$

$V = \dfrac{(10\,\text{cm})^3}{4} \cdot \pi$ $\qquad$ $M = (10\,\text{cm})^2 \cdot \pi$

$V = 250\pi\,\text{cm}^3$ $\qquad$ $M = 100\pi\,\text{cm}^2$

170 Dosenvolumen:

$V = 0{,}75\,\text{dm}^3 + 0{,}75\,\text{dm}^3 \cdot \dfrac{5{,}0}{100}$

$V = 0{,}7875\,\text{dm}^3$

$V = 787{,}5\,\text{cm}^3$

$V = r^2 \cdot \pi \cdot h$

$V = \left(\dfrac{7{,}4\,\text{cm}}{2}\right)^2 \cdot \pi \cdot h$

$V = (3{,}7\,\text{cm})^2 \cdot \pi$

V muss gleich dem Dosenvolumen sein:
$$(3{,}7\text{ cm})^2 \cdot \pi \cdot h \text{ cm}^2 = 787{,}5 \text{ cm}^3 \quad |:43{,}01$$
$$h = \frac{787{,}5 \text{ cm}^3}{(3{,}7 \text{ cm})^2 \cdot \pi}$$
$$h \approx 18{,}31 \text{ cm}$$

171 $V_{\text{Zylinder}} = r^2 \cdot \pi \cdot h$

$V_{\text{Zylinder}} = (4{,}40 \text{ cm})^2 \pi \cdot 8{,}84 \text{ cm}$

$V_{\text{Zylinder}} \approx 537{,}66 \text{ cm}^3$

Anzahl Zylinder $= \dfrac{2687 \text{ cm}^3}{537{,}66 \text{ cm}^3}$

Anzahl Zylinder ≈ 5

172 Volumen des Rohrstücks:
$V = G \cdot h$
$V = (r_2^2 - r_1^2) \cdot \pi \cdot h$
$V = [(31{,}2 \text{ cm})^2 - (30{,}0 \text{ cm})^2] \cdot \pi \cdot 850 \text{ cm}$
$V \approx 196\,110{,}78 \text{ cm}^3$

Grundfläche G ist der Kreisring mit den Radien $r_1 = 30{,}0$ cm und $r_2 = 31{,}2$ cm. Höhe h ist die Rohrlänge mit 850 cm.

Masse des Rohrstücks:
$m = \rho \cdot V$
$m = 7{,}8 \dfrac{g}{\text{cm}^3} \cdot 196\,110{,}78 \text{ cm}^3$
$m = 1\,529\,664{,}08 \text{ g}$
$m \approx 1{,}53 \text{ t}$

173 a) Durchmesser der Zylinder: $18 \text{ cm} + 2x$
Höhe der Zylinder: $\quad\;\; 36 \text{ cm} - 2x$

Mantelfläche der Zylinder in Abhängigkeit von x:
$M(x) = u(x) \cdot h(x)$
$M(x) = 2 \cdot r(x) \cdot \pi \cdot h(x)$
$M(x) = 2 \cdot \left(\dfrac{18 \text{ cm} + 2x}{2}\right) \cdot \pi \cdot (36 \text{ cm} - 2x)$ 　　Ausmultiplizieren und Zusammenfassen
$M(x) = -4\pi(x^2 - 9 \text{ cm} \cdot x - 162 \text{ cm}^2)$

b) Grafische Darstellung:

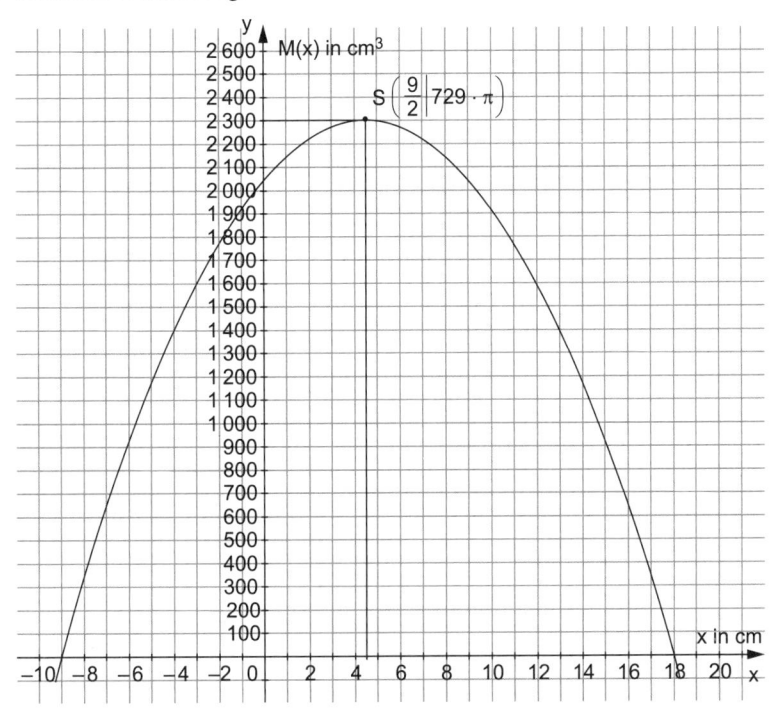

[Graph showing a downward-opening parabola M(x) in cm³ with vertex S(9/2 | 729·π), x-axis from -10 to 20 cm, y-axis from 0 to 2600]

c) $M(x) = -4\pi \left[x^2 - 9\,\text{cm} \cdot x + \dfrac{81}{4}\,\text{cm}^2 - 162\,\text{cm}^2 - \dfrac{81}{4}\,\text{cm}^2 \right]$ Quadratische Ergänzung

$M(x) = -4\pi \left[\left(x - \dfrac{9}{2}\,\text{cm} \right)^2 - \dfrac{729}{4}\,\text{cm}^2 \right]$

$M(x) = -4\pi \cdot \left(x - \dfrac{9}{2}\,\text{cm} \right)^2 + 729 \cdot \pi\,\text{cm}^2$

Der Graf von M(x) ist eine nach unten geöffnete Parabel mit dem Scheitel $S\left(\dfrac{9}{2} \mid 729\pi\right)$. Die Mantelfläche hat demnach für $x = \dfrac{9}{2}\,\text{cm}$ ein Maximum $M_{\text{max}} = 729\pi\,\text{cm}^2$ ($\approx 2\,290{,}22\,\text{cm}^2$).

174 a) Volumen:

$V = \dfrac{1}{3} \cdot G \cdot k$

$V = \dfrac{1}{3} \cdot (12\,\text{cm})^2 \cdot 18\,\text{cm}$

$V = 864\,\text{cm}^3$

Oberfläche:
O = G + 4 · A$_{\text{Seitenfläche}}$

Seitenflächen sind gleichschenklige Dreiecke ABS, BCS, CDS und ADS. Die Grundlinie dieser Dreiecke ist a und die Höhe h' = $\overline{ES}$.
Die Höhe h' berechnen wir aus dem Dreieck MES mithilfe des Satzes von Pythagoras:

$h_1^2 = h^2 + \overline{ME}^2$

$h_1^2 = (18\,\text{cm})^2 + (6\,\text{cm})^2$

$h_1^2 = 360\,\text{cm}^2$

$h_1 \approx 18{,}97\,\text{cm}$

$O = (12\,\text{cm})^2 + 4 \cdot \frac{1}{2} \cdot 12\,\text{cm} \cdot 18{,}97\,\text{cm}$

$O \approx 599\,\text{cm}^2$

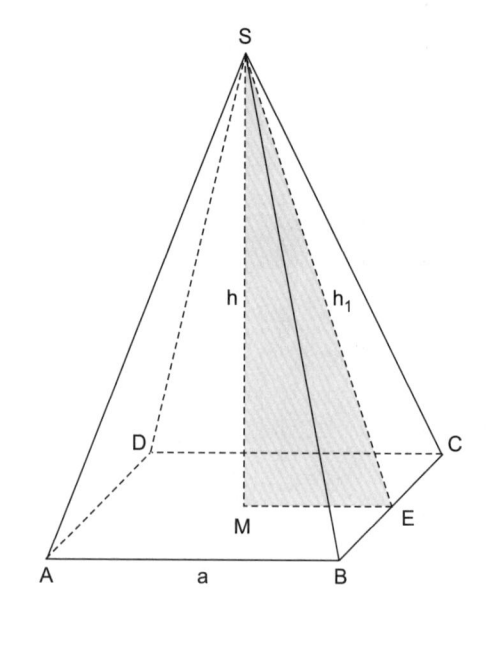

b) Volumen:

$V = \frac{1}{3} G \cdot h$

$V = \frac{1}{3} \cdot 10\,\text{cm} \cdot 8\,\text{cm} \cdot 18\,\text{cm}$

$V = 480\,\text{cm}^3$

Oberfläche:
O = G + 2 · A$_{\text{Seitenfläche 1}}$ + 2 · A$_{\text{Seitenfläche 2}}$

Seitenfläche 1 ist das gleichschenklige Dreieck ABS mit der Grundlinie $\overline{AB}$ = a und der Höhe $h_3 = \overline{FS}$. Seitenfläche 2 ist das gleichschenklige Dreieck BCS mit der Grundlinie $\overline{BC}$ = b und der Höhe $h_2 = \overline{ES}$.
Die beiden Höhen h_2 und h_3 berechnen wir wieder mithilfe des Satzes von Pythagoras aus den Dreiecken MFS und MES.

$\overline{FS}^2 = \overline{MF}^2 + \overline{MS}^2$

$h_3^2 = (4\,\text{cm})^2 + (18\,\text{cm})^2$

$h_3^2 = 340\,\text{cm}^2$

$h_3 \approx 18{,}44\,\text{cm}$

$\overline{ES}^2 = \overline{ME}^2 + \overline{MS}^2$

$h_2^2 = (5\,\text{cm})^2 + (18\,\text{cm})^2$

$h_2^2 = 349\,\text{cm}^2$

$h_2 \approx 18{,}68\,\text{cm}$

$O = 10\,\text{cm} \cdot 8\,\text{cm} + 2 \cdot \frac{1}{2} \cdot 10\,\text{cm} \cdot 18{,}44\,\text{cm} + 2 \cdot \frac{1}{2} \cdot 8\,\text{cm} \cdot 18{,}68\,\text{cm}$

$O \approx 414\,\text{cm}^2$

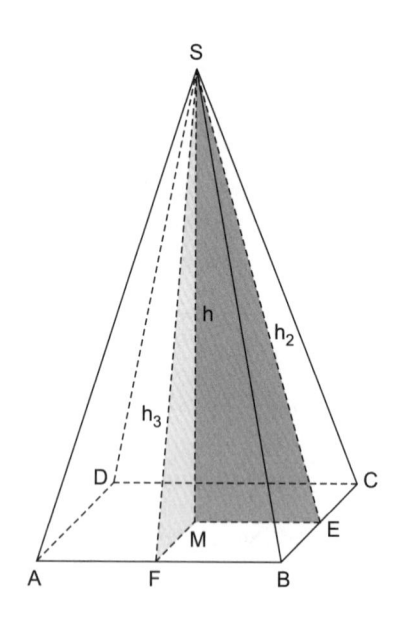

175 a) Schrägbild der Pyramide ABCDS mit φ = 45°, und [AB] ∈ s.

$\overline{AB} = 9$ cm (= a) in wahrer Länge
$\overline{MS} = 15$ cm (= h) in wahrer Länge
$\overline{BC}_{Zeichnung} = q \cdot \overline{BC}_{wahr}$ verkürzt mit Faktor $\frac{1}{2}$

b) Seitenkante s:
Die Länge der Seitenkante erhalten wir aus dem rechtwinkligen Dreieck MBS mithilfe des Satzes von Pythagoras.

$\overline{BS}^2 = \overline{MS}^2 + \overline{MB}^2$

$s^2 = h^2 + \left(\frac{a}{2}\sqrt{2}\right)^2$

$s^2 = (15\,\text{cm})^2 + \left(\frac{9\,\text{cm}}{2}\sqrt{2}\right)^2$

$s^2 = 225\,\text{cm}^2 + 40,5\,\text{cm}^2$

$s^2 = 265,5\,\text{cm}^2$

$s \approx 16,29\,\text{cm}$

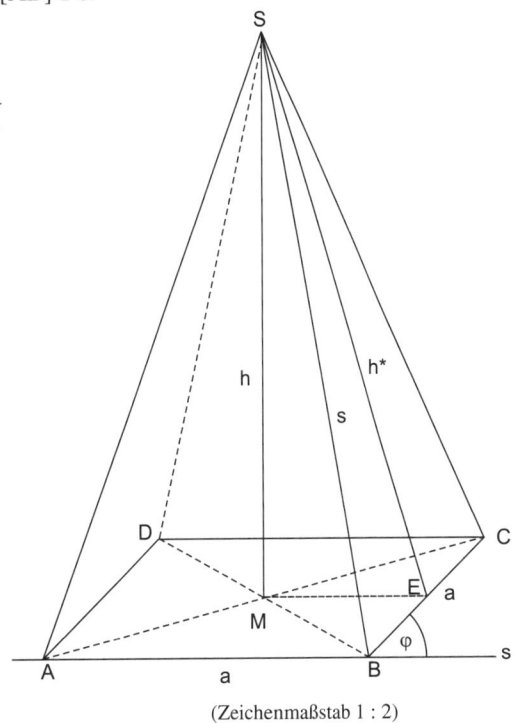

(Zeichenmaßstab 1 : 2)

Berechnung von $\overline{MB}$:

$\overline{BD}^2 = a^2 + a^2$

$\overline{BD}^2 = 2a^2$

$\overline{BD} = a\sqrt{2}$

$\overline{MB} = \frac{1}{2} \cdot \overline{BD}$

$\overline{MB} = \frac{a}{2}\sqrt{2}$

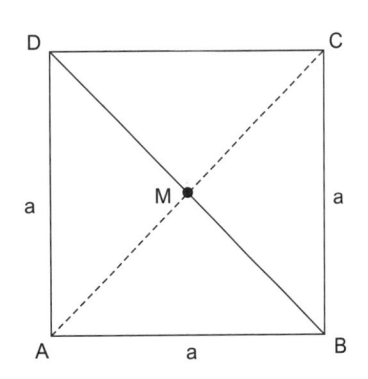

c) Volumen der Pyramide:

$V = \frac{1}{3} \cdot G \cdot h$

$V = \frac{1}{3} \cdot a^2 \cdot h$

$V = \frac{1}{3} \cdot (9\,\text{cm})^2 \cdot 15\,\text{cm}$

$V = 405\,\text{cm}^3$

Mantelfläche der Pyramide:
Die Mantelfläche besteht aus vier kongruenten, gleichschenkligen Dreiecken. Um die Fläche dieser Dreiecke berechnen zu können, benötigen wir deren Höhe h*.

Die Höhe h* erhalten wir wieder mithilfe des Satzes von Pythagoras als Hypotenuse im rechtwinkligen Dreieck MES:

$\overline{ES}^2 = \overline{MS}^2 + \overline{ME}^2$

$h^{*2} = h^2 + \left(\dfrac{a}{2}\right)^2$

$h^{*2} = (15\,\text{cm})^2 + (4,5\,\text{cm})^2$

$h^{*2} = 245,25\,\text{cm}^2$

$h^* \approx 15,66\,\text{cm}$

Fläche eines Seitendreiecks:

$A = \dfrac{1}{2} \cdot a \cdot h^*$

$A = \dfrac{1}{2} \cdot 9\,\text{cm} \cdot 15,66\,\text{cm}$

$A = 70,47\,\text{cm}^2$

Mantelfläche:

$M = 4 \cdot A$

$M = 4 \cdot 70,47\,\text{cm}^2$

$M = 281,88\,\text{cm}^2$

176 a) $V_{alt} = \dfrac{1}{3} \cdot G \cdot h$

$V_{alt} = \dfrac{1}{3} \cdot (230\,\text{m})^2 \cdot 150\,\text{m}$

$V_{alt} = 2\,645\,000\,\text{m}^3$

b) $V_{neu} = \dfrac{1}{3} \cdot G \cdot h$

$V_{neu} = \dfrac{1}{3} \cdot (226\,\text{m})^2 \cdot 137\,\text{m}$

$V_{neu} = 2\,332\,471\,\text{m}^3$

$\Delta V = \Delta V_{alt} - V_{neu}$ $\Delta V = 2\,645\,000\,\text{m}^3 - 2\,332\,471\,\text{m}^3$ $\Delta V = 312\,529\,\text{m}^3$

(Im Laufe der Zeit abgetragenes bzw. verwittertes Gestein)

c) Satz des Pythagoras im rechtwinkligen Dreieck MES:

$h^{*2} = h^2 + \left(\dfrac{a}{2}\right)^2$

$h^{*2} = (137\,\text{m})^2 + \left(\dfrac{226\,\text{m}}{2}\right)^2$

$h^{*2} = 31\,538\,\text{m}^2$

$h^* \approx 177,59\,\text{m}$

Mantelfläche:

$M = 4 \cdot \dfrac{1}{2} \cdot a \cdot h^*$

$M = 4 \cdot \dfrac{1}{2} \cdot 226\,\text{m} \cdot 177,59\,\text{m}$

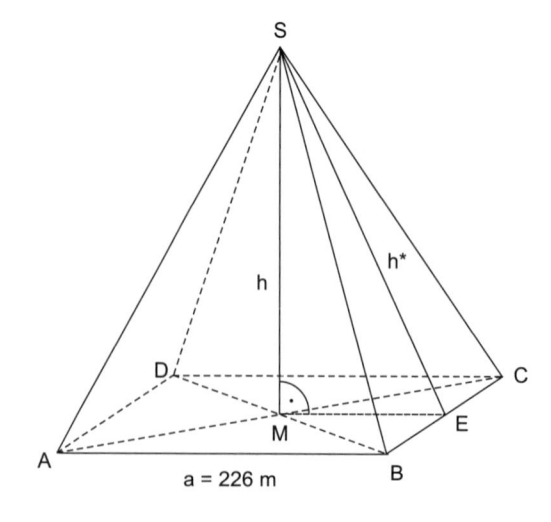

$M = 80\,271\,\text{m}^2$

177 Nach dem Strahlensatz gilt:

$$\frac{\overline{SM'}}{\overline{SS'}} = \frac{\overline{A'B'}}{\overline{AB}}$$

$$\frac{h-h'}{h} = \frac{a'}{a} \quad | \cdot a$$

$$a' = \frac{h-h'}{h} \cdot a$$

$$a' = \frac{9\,cm}{15\,cm} \cdot 9\,cm$$

$$a' = 5{,}4\,cm$$

Seitenlänge des Quadrats A'B'C'D'

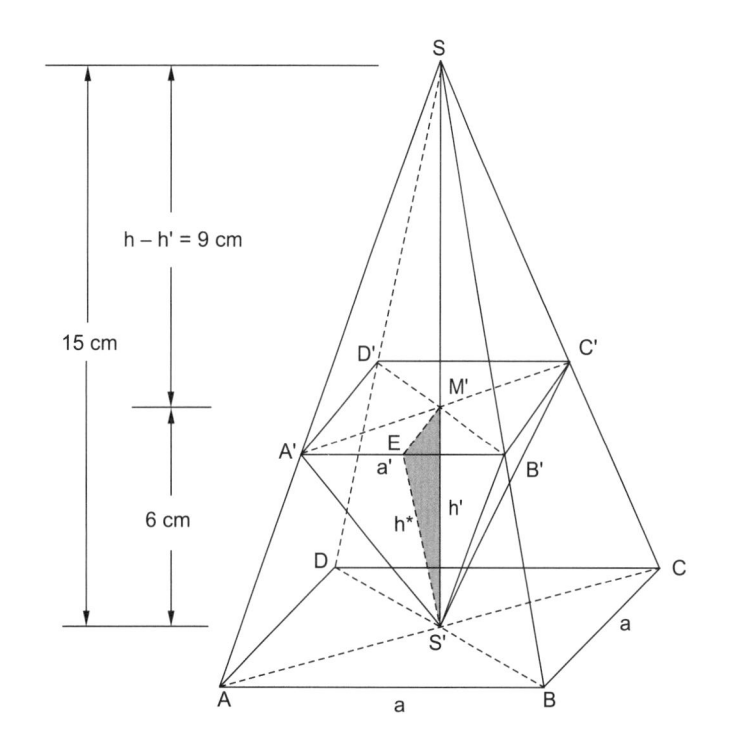

Volumen:

$$V' = \frac{1}{3} G' \cdot h'$$

$$V' = \frac{1}{3} \cdot (a')^2 \cdot h'$$

$$V' = \frac{1}{3} \cdot (5{,}4\,cm)^2 \cdot 6\,cm$$

$$V' = 58{,}32\,cm^3$$

Oberfläche:
Um die Oberfläche der Pyramide A'B'C'D'S' berechnen zu können, benötigen wir wieder die Höhe h* eines Seitendreiecks. Diese Höhe h* bestimmen wir folgendermaßen.

$$\overline{ES'}^2 = \overline{EM'}^2 + \overline{M'S'}^2$$

$$h^{*2} = \left(\frac{a'}{2}\right)^2 + h'^2$$

$$h^{*2} = \left(\frac{5{,}4\,cm}{2}\right)^2 + (6\,cm)^2$$

$$h^{*2} = 43{,}29\,cm^2$$

$$h^* \approx 6{,}58\,cm$$

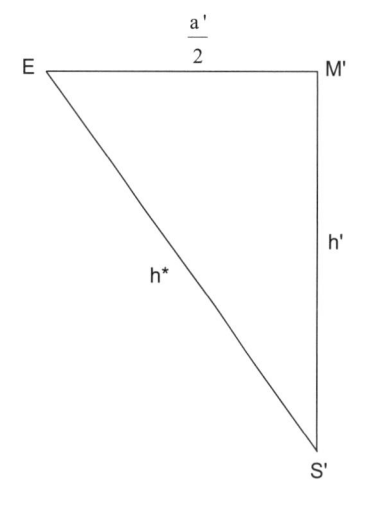

$$O = G + 4 \cdot A_{Dreieck}$$

$$O = (a')^2 + 4 \cdot \frac{1}{2} \cdot a' \cdot h^*$$

$$O = (5{,}4\,cm)^2 + 4 \cdot \frac{1}{2} \cdot 5{,}4\,cm \cdot 6{,}58\,cm$$

$$O \approx 100{,}22\,cm^2$$

178		a) r = 8 cm; h = 10 cm	b) r = 5 cm; h = 16 cm
Volumen	$V = \frac{1}{3}\pi r^2 h$	$V = \frac{1}{3}\pi (8\,cm)^2 \cdot 10\,cm$ $V \approx 670{,}21\,cm^3$	$V = \frac{1}{3}\pi (5\,cm)^2 \cdot 16\,cm$ $V \approx 418{,}88\,cm^3$
Mantellinie	$s = \sqrt{r^2 + h^2}$	$s = \sqrt{(8\,cm)^2 + (10\,cm)^2}$ $s = \sqrt{164\,cm^2}$ $s \approx 12{,}81\,cm$	$s = \sqrt{(5\,cm)^2 + (16\,cm)^2}$ $s = \sqrt{281\,cm^2}$ $s \approx 16{,}76\,cm$
Oberfläche	$O = r^2\pi + r\pi s$	$O = (8\,cm)^2 \pi + 8\,cm \cdot \pi \cdot 12{,}81\,cm$ $O \approx 523\,cm^2$	$O = (5\,cm)^2 \pi + 5\,cm \cdot \pi \cdot 16{,}76\,cm$ $O \approx 342\,cm^2$

179 $r = 9\,m;\ h = 6\,m$

$V = \frac{1}{3} \cdot \pi \cdot r^2 \cdot h$

$V = \frac{1}{3} \cdot \pi \cdot (9\,m)^2 \cdot 6\,m$

$V \approx 508{,}94\,m^3$

---

180 a) Höhe des Kegels:

$h^2 = a^2 - \left(\frac{a}{2}\right)^2 \quad h^2 = \frac{3}{4}a^2 \quad h = \frac{a}{2}\sqrt{3}$

Radius des Kegels:

$r = \frac{a}{2}$

Volumen:

$V = \frac{1}{3}\pi \cdot \left(\frac{a}{2}\right)^2 \cdot \frac{a}{2}\sqrt{3}$

$V = \frac{1}{3}\pi \cdot \frac{a^2}{4} \cdot \frac{a}{2}\sqrt{3}$

$V = \frac{1}{3}\pi\sqrt{3} \cdot \frac{a^3}{8}$

$V = \frac{1}{3}\pi\sqrt{3} \cdot \frac{(8\,cm)^3}{8}$

$V \approx 116{,}08\,cm^3$

Oberfläche:
$O = G + M$
$O = r^2\pi + r\pi s$
$O = (4\,cm)^2 \pi + 4\,cm \cdot \pi \cdot 8\,cm \quad \left(r = \frac{a}{2} = 4\,cm;\ s = a = 8\,cm\right)$
$O \approx 150{,}80\,cm^2$

b) $M = \frac{\alpha}{360°} \cdot \pi \cdot s^2 \quad\Big\} \quad \frac{\alpha}{360°} \cdot \pi \cdot s^2 = r \cdot \pi \cdot s \quad |:(\pi \cdot s)$

$M = r \cdot \pi \cdot s \qquad\qquad \frac{\alpha}{360°} \cdot s = r \qquad |:s \quad |\cdot 360°$

$\alpha = \frac{r \cdot 360°}{s} \quad \alpha = \frac{4\,cm \cdot 360°}{8\,cm} \quad \alpha = 180°$

d. h. die Abwicklung des Kegelmantels ist ein Halbkreis mit dem Radius 4 cm.

---

181 a) Der Bogen b des Kreissektors ist Umfang u des Grundkreises des Kegels.

$b = \frac{\alpha}{360°} \cdot 2R \cdot \pi$

$b = \frac{90°}{360°} \cdot 2 \cdot 16\,cm \cdot \pi$

$b = 8\pi\,cm$

Grundkreisradius:
$2 \cdot r \cdot \pi = 8\pi\,cm \quad |:2\pi$
$r = 4\,cm$

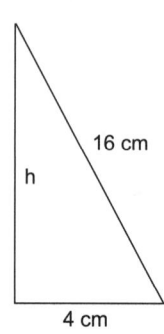

Höhe des Kegels:
$h^2 = (16 \text{ cm})^2 - (4 \text{ cm})^2$
$h^2 = 240 \text{ cm}^2$
$h \approx 15{,}49 \text{ cm}$

b) Volumen:
$V = \dfrac{1}{3} r^2 \pi \cdot h$

$V = \dfrac{1}{3} \cdot (4 \text{ cm})^2 \cdot \pi \cdot 15{,}49 \text{ cm}$

$V \approx 259{,}57 \text{ cm}^3$

Oberfläche:
$O = G + M$
$O = r^2 \cdot \pi + r \cdot \pi \cdot s$
$O = (4 \text{ cm})^2 \cdot \pi + 4 \text{ cm} \cdot \pi \cdot 16 \text{ cm}$
$O = 16\pi \text{ cm}^2 + 64\pi \text{ cm}^2$
$O = 80\pi \text{ cm}^2$
$O \approx 251{,}33 \text{ cm}^2$

(wobei die Mantellinie s des Kegels gleich dem Radius R des Kreissektors ist)

182 Volumen:
$V = \dfrac{4}{3} \pi r^3$

$V = \dfrac{4}{3} \pi \cdot (12 \text{ cm})^3$

$V \approx 7\,238{,}23 \text{ cm}^3$

$V \approx 7{,}24 \text{ dm}^3$

Oberfläche:
$O = 4\pi r^2$

$O = 4\pi (12 \text{ cm})^2$

$O \approx 1\,809{,}56 \text{ cm}^2$

$O \approx 18{,}10 \text{ dm}^2$

183 $\dfrac{V_{\text{Erde}}}{V_{\text{Mars}}} = \dfrac{\frac{4}{3}\pi r_E^3}{\frac{4}{3}\pi r_M^3}$

$\dfrac{V_{\text{Erde}}}{V_{\text{Mars}}} = \dfrac{r_E^3}{r_M^3} = \left(\dfrac{r_E}{r_M} \right)^3$

$\dfrac{V_{\text{Erde}}}{V_{\text{Mars}}} = \left(\dfrac{6\,371 \text{ km}}{3\,400 \text{ km}} \right)^3 = (1{,}87)^3$

$\dfrac{V_{\text{Erde}}}{V_{\text{Mars}}} \approx 6{,}58$

$V_{\text{Erde}} \approx 6{,}58 \cdot V_{\text{Mars}}$

184 $\left. \begin{array}{l} V = \dfrac{4}{3}\pi r^3 \\ V = 4\,188{,}79 \text{ cm}^3 \end{array} \right\}$ $\dfrac{4}{3}\pi r^3 = 4\,188{,}79 \text{ cm}^3$ $\Big| \cdot \dfrac{3}{4\pi}$

$\qquad\qquad\qquad\qquad r^3 = 4\,188{,}79 \text{ cm}^3 \cdot \dfrac{3}{4\pi}$

$\qquad\qquad\qquad\qquad r^3 \approx 1\,000 \text{ cm}^3$ $\quad | \; 1\,000 = 10 \cdot 10 \cdot 10 = 10^3$

$\qquad\qquad\qquad\qquad r = 10 \text{ cm}$

$O = 4\pi r^2$
$O = 4\pi \cdot (10 \text{ cm})^2$
$O = 400\pi \text{ cm}^2$
$O \approx 1\,256{,}64 \text{ cm}^2$

185 $V_{alt} = \frac{4}{3}\pi r^3$

$\left.\begin{array}{l} V_{neu} = \frac{4}{3}\pi(r+3)^3 \\ V_{neu} = V_{alt} + 684\pi \text{ cm}^3 \end{array}\right\}$ $V_{alt} + 684\pi \text{ cm}^3 = \frac{4}{3}\pi(r+3)^3$

Wir rechnen mit der Maßzahlengleichung ohne Einheiten:

$$V_{alt} + 684\pi = \frac{4}{3}\pi \cdot (r+3)^3$$

$$\frac{4}{3}\pi r^3 + 684\pi = \frac{4}{3}\pi \cdot (r+3)^3 \qquad \Big| \cdot \frac{3}{4\pi}$$

$$r^3 + 513 = (r+3)^3$$

$$r^3 + 513 = (r+3)(r+3)(r+3)$$

$$r^3 + 513 = (r^2 + 6r + 9)(r+3)$$

$$r^3 + 513 = r^3 + 9r^2 + 27r + 27 \qquad \Big| -r^3$$

$$9r^2 + 27r + 27 = 513 \qquad \Big| -513$$

$$9r^2 + 27r - 486 = 0 \qquad \Big| :9$$

$$r^2 + 3r - 54 = 0$$

Lösung der quadratischen Gleichung:

$r_{1,2} = -\frac{3}{2} \pm \sqrt{\frac{9}{4} + 54}$

$r_{1,2} = -\frac{3}{2} \pm \sqrt{\frac{225}{4}}$

$r_{1,2} = -\frac{3}{2} \pm \frac{15}{2}$

$r_1 = 6$

$r_2 = -9$

Der Radius r der Kugel beträgt 6 cm. Die 2. Lösung scheidet aus (negativer Radius und negatives Volumen).

$r_{alt} = 6$ cm: $\qquad\qquad\qquad\qquad\qquad$ $r_{neu} = 6$ cm + 3 cm = 9 cm:

$V_{alt} = \frac{4}{3}\pi \cdot (6 \text{ cm})^3$ $\qquad\qquad\qquad$ $V_{neu} = \frac{4}{3}\pi \cdot (9 \text{ cm})^3$

$V_{alt} \approx 288\pi \text{ cm}^3$ $\qquad\qquad\qquad\qquad$ $V_{neu} \approx 972\pi \text{ cm}^3$

$V_{neu} - V_{alt} = 972\pi \text{ cm}^3 - 288\pi \text{ cm}^3$

$V_{neu} - V_{alt} = 684\pi \text{ cm}^3$

---

186 a) $\quad V_{alt} = \frac{4}{3}\pi \cdot r_{alt}^3$

$\left.\begin{array}{ll} V_{neu} = 2 \cdot V_{alt} & V_{neu} = 2 \cdot \frac{4}{3}\pi \cdot r_{alt}^3 \\ & V_{neu} = \frac{4}{3}\pi \cdot r_{neu}^3 \end{array}\right\}$ $\begin{array}{l} \frac{4}{3}\pi r_{neu}^3 = 2 \cdot \frac{4}{3}\pi \cdot r_{alt}^3 \\ r_{neu}^3 = 2 \cdot r_{alt}^3 \\ r_{neu} = r_{alt} \cdot \sqrt[3]{2} \\ r_{neu} \approx 1{,}26 \cdot r_{alt} \end{array}$

Damit das Volumen verdoppelt wird, muss der Radius der Kugel mit dem Faktor $\sqrt[3]{2} \approx 1{,}26$ multipliziert werden.

b) $\quad O_{alt} = 4\pi \, r_{alt}^2$

$\left.\begin{array}{ll} O_{neu} = 2 \cdot O_{alt} & O_{neu} = 2 \cdot 4\pi \, r_{alt}^2 \\ & O_{neu} = 4\pi \, r_{neu}^2 \end{array}\right\}$ $\begin{array}{l} 4\pi \, r_{neu}^2 = 2 \cdot 4\pi \, r_{alt}^2 \\ r_{neu}^2 = 2 \cdot r_{alt}^2 \\ r_{neu} = r_{alt} \cdot \sqrt{2} \\ r_{neu} \approx 1{,}41 \cdot r_{alt} \end{array}$

Um die Oberfläche zu verdoppeln, muss der Kugelradius mit dem Faktor $\sqrt{2} \approx 1{,}41$ multipliziert werden.

187 Radius der Kugel:
r
Oberfläche der Kugel:
$O = 4\pi r^2$

Radius des Kreises:
2r
Flächeninhalt des Kreises:
$A = (2r)^2 \pi = 4r^2 \pi = O$

188 a) Es entsteht ein Zylinder mit
Radius:
$r = \overline{AD} = 18\text{ cm}$
Höhe:
$h = \overline{AB} = 12\text{ cm}$
Volumen:
$V = r^2 \cdot \pi \cdot h$
$V = (18\text{ cm})^2 \cdot \pi \cdot 12\text{ cm}$
$V \approx 12\,214{,}51\text{ cm}^3$

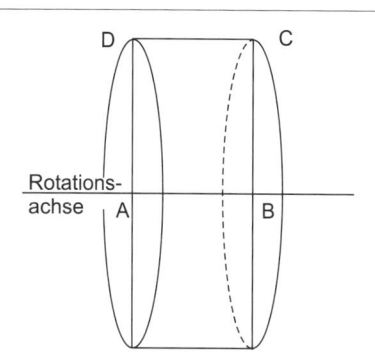

b) Es entsteht ein Zylinder mit
Radius:
$r = \overline{AB} = 12\text{ cm}$
Höhe:
$h = \overline{AD} = 18\text{ cm}$
Volumen:
$V = r^2 \cdot \pi \cdot h$
$V = (12\text{ cm})^2 \cdot \pi \cdot 18\text{ cm}$
$V \approx 8\,143{,}01\text{ cm}^3$

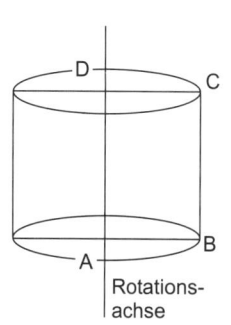

189 Volumen des Körpers:
$V = V_{\text{Würfel}} + 6 \cdot V_{\text{Pyramide}}$
$V = a^3 + 6 \cdot \dfrac{1}{3} \cdot a^2 \cdot h$
$V = (6\text{ cm})^3 + 6 \cdot \dfrac{1}{3} \cdot (6\text{ cm})^2 \cdot 6\text{ cm}$
$V = 648\text{ cm}^3$

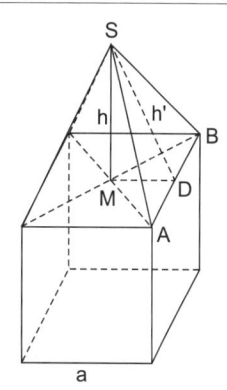

Oberfläche des Körpers:
Die Oberfläche besteht aus $6 \cdot 4 = 24$ Dreiecken. Dreieck ABS ist eines dieser Dreiecke. Die Seitenflächen des Würfels liegen im Inneren des Körpers, zählen also nicht zur Oberfläche.
Die 24 Dreiecke haben die Grundlinie a und die Höhe h'.
Die Höhe h' dieser Dreiecke gewinnen wir aus dem Dreieck MDS mithilfe des Satzes des Pythagoras:

$\overline{DS}^2 = \overline{MS}^2 + \overline{MD}^2$

$h'^2 = h^2 + \left(\dfrac{a}{2}\right)^2$

$h'^2 = (6\text{ cm})^2 + (3\text{ cm})^2$

$h'^2 = 45\text{ cm}^2$

$h' = \sqrt{45\text{ cm}^2}$

$h' \approx 6{,}71\text{ cm}$

$O = 24 \cdot A_{\triangle ABS}$

$O = 24 \cdot \dfrac{1}{2} \cdot a \cdot h'$

$O = 24 \cdot \dfrac{1}{2} \cdot 6\text{ cm} \cdot 6{,}71\text{ cm}$

$O \approx 483\text{ cm}^2$

190 a) $V = V_{\text{Pyramide 1}} + V_{\text{Pyramide 2}}$

$V = \frac{1}{3} \cdot a^2 \cdot h_1 + \frac{1}{3} \cdot a^2 \cdot h_2$

$V = \frac{1}{3} \cdot a^2 \cdot (h_1 + h_2)$

$V = \frac{1}{3} \cdot (10 \text{ cm})^2 \cdot (8 \text{ cm} + 16 \text{ cm})$

$V = 800 \text{ cm}^3$

b) $O = 4 \cdot A_{\text{Dreieck, Pyramide 1}} + 4 \cdot A_{\text{Dreieck, Pyramide 2}}$

Um den Flächeninhalt der Seitendreiecke beider Pyramiden berechnen zu können, benötigen wir wieder deren Höhen h_1' und h_2'. Diese gewinnen wir aus der Beziehung: $(h')^2 = h^2 + \left(\frac{a}{2}\right)^2$

$(h_1')^2 = (h_1)^2 + \left(\frac{a}{2}\right)^2$ $(h_2')^2 = (h_2)^2 + \left(\frac{a}{2}\right)^2$

$(h_1')^2 = (8 \text{ cm})^2 + (5 \text{ cm})^2$ $(h_2')^2 = (16 \text{ cm})^2 + (5 \text{ cm})^2$

$(h_1')^2 = 89 \text{ cm}^2$ $(h_2')^2 = 281 \text{ cm}^2$

$h_1' \approx 9,43 \text{ cm}$ $h_2' \approx 16,76 \text{ cm}$

Oberfläche:

$O = 4 \cdot \frac{1}{2} \cdot a \cdot h_1' + 4 \cdot \frac{1}{2} \cdot a \cdot h_2'$

$O = 2a \cdot (h_1' + h_2')$

$O = 2 \cdot 10 \text{ cm} \cdot (9,43 \text{ cm} + 16,76 \text{ cm}) \approx 524 \text{ cm}^2$

---

191 Volumen:

$V = V_{\text{Halbkugel}} + V_{\text{Kegel}}$

$V = \frac{1}{2} \cdot \frac{4}{3} \pi r^3 + \frac{1}{3} r^2 \pi \cdot h$

$V = \frac{1}{2} \cdot \frac{4}{3} \pi \cdot (5 \text{ cm})^3 + \frac{1}{3} (5 \text{ cm})^2 \pi \cdot 7 \text{ cm}$

$V \approx 261,80 \text{ cm}^3 + 183,26 \text{ cm}^3$

$V = 445,06 \text{ cm}^3$

Oberfläche:

$O = O_{\text{Halbkugel}} + M_{\text{Kegel}}$

$O = \frac{1}{2} \cdot 4\pi r^2 + r \cdot s \cdot \pi$

$O = \frac{1}{2} \cdot 4 \cdot \pi \cdot (5 \text{ cm})^2 + 5 \text{ cm} \cdot 8,60 \text{ cm} \cdot \pi$

$O \approx 157,08 \text{ cm}^2 + 135,09 \text{ cm}^2$

$O \approx 292,2 \text{ cm}^2$

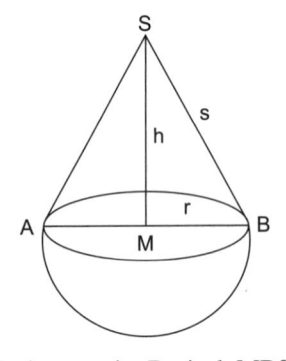

Satz des Pythagoras im Dreieck MBS:

$s^2 = h^2 + r^2$

$s^2 = (7 \text{ cm})^2 + (5 \text{ cm})^2$

$s^2 = 74 \text{ cm}^2$

$s \approx 8,60 \text{ cm}$

192 $V_{Zyl} = r^2 \cdot \pi \cdot h$

a) $V_{Zyl} = 750\,m\ell$; $r = \dfrac{d}{2} = 5\,cm$

$h = \dfrac{V_{Zyl}}{r^2 \cdot \pi}$

$h = \dfrac{750\,m\ell}{(5\,cm)^2 \cdot \pi}$

$h \approx 9{,}55\,cm$

Das Wasser steht 9,55 cm hoch im Messbecher.

b) Volumen der Eisenkugel:

$V = \dfrac{4}{3} r^3 \pi$

$V = \dfrac{4}{3} \cdot \left(\dfrac{7{,}5\,cm}{2}\right)^3 \cdot \pi$

$V \approx 220{,}9\,cm^3$

Steigen des Wasserspiegels:

$h' = \dfrac{220{,}9\,cm^3}{(5\,cm)^2 \cdot \pi}$

$h' \approx 2{,}8\,cm$

Der Wasserspiegel steigt um 2,8 cm.

c) 1. Möglichkeit:

Beide Volumina werden addiert und damit die Höhe des Wasserspiegels ausgerechnet. Es muss sich die Summer der in a und b berechneten Höhen ergeben.

2. Möglichkeit:

Man berechnet das Volumen eines Zylinders mit d = 10 cm und h = 2,8 cm. Dieses Volumen muss mit dem der Eisenkugel übereinstimmen.

193 a) Kreisumfang

$u = 2\pi \cdot r$ \quad Umstellen nach r

$r = \dfrac{u}{2\pi}$

$r = \dfrac{44\,m}{2 \cdot \pi}$

$r \approx 7\,m$

Maßstab 1 : 100, d. h. 1 cm in der Zeichnung entspricht 1 m in der Wirklichkeit.

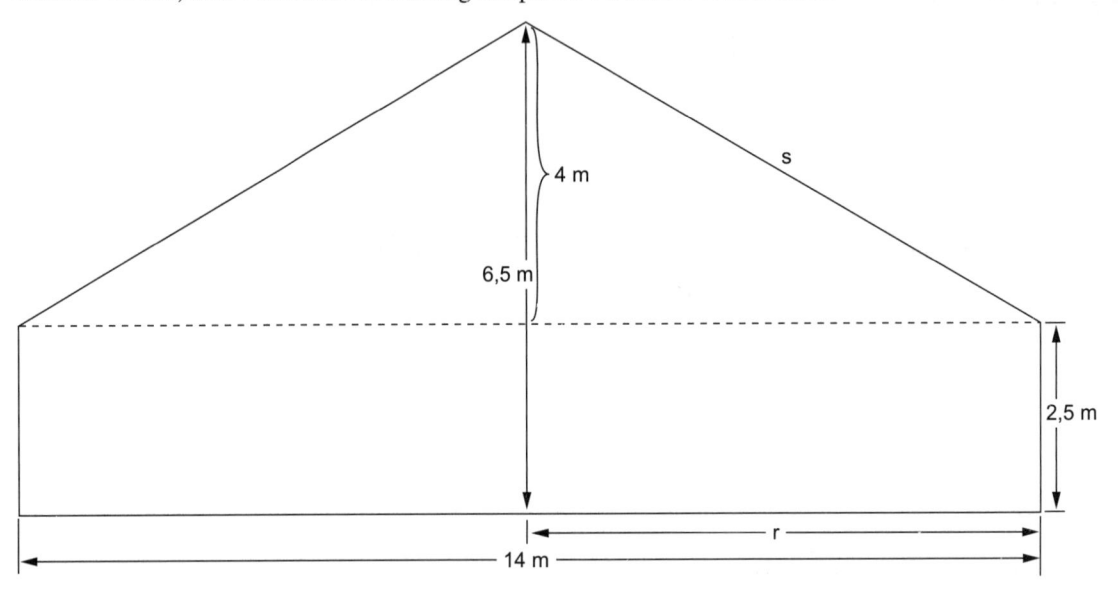

b) Fläche der Plane = Mantellfläche eines Kegels mit r = 7 m und Höhe h = 6,5 m − 2,5 m = 4 m.
$M = r \cdot \pi \cdot s$
Berechnung von s mit dem Satz des Pythagoras:
$s^2 = r^2 + h_k^2$
$s^2 = (7\text{ m})^2 + (4\text{ m})^2$
$s^2 = 49\text{ m}^2 + 16\text{ m}^2$
$s^2 = 65\text{ m}^2$
$s \approx 8,06\text{ m}$
$M = 7\text{ m} \cdot \pi \cdot 8,06\text{ m}$
$M \approx 177,3\text{ m}^2$
Die Plane ist etwa 177,3 m² groß.

10 Stochastik

194 Um das Ergebnis in einem Boxplot darzustellen, müssen zunächst Minimum, Maximum, Median, unteres Quartil und oberes Quartil bestimmt werden. Dazu werden die Daten der Größe nach geordnet.

Aufsteigend geordnete Datenmenge:
20 32 35 45 46 50 **53** **57** 65 70 75 78 80 95   in min

Minimum: 20 min
Maximum: 95 min
Median: $\frac{53+57}{2}$ min = 55 min
unteres Quartil: 45 min
oberes Quartil: 75 min
Boxplot:

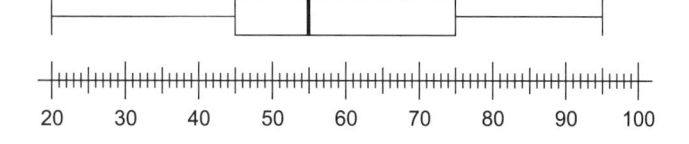

195 a) Zunächst werden die Daten jeweils der Größe nach sortiert.
Jungen: 0 5 7 7 10 10 12 **12** 14 14 15 20 21 30 45
Mädchen: 5 5 6 7 7 10 **10** 12 14 15 18 20 28

Dann werden jeweils Minimum, Maximum, Median, unteres Quartil und oberes Quartil bestimmt.

	Minimum	Maximum	Median	unteres Quartil	oberes Quartil
Jungen	0	45	12	7	20
Mädchen	5	28	10	$6{,}5 \left(=\frac{6+7}{2}\right)$	$16{,}5 \left(=\frac{15+18}{2}\right)$

Schließlich werden die Boxplots gezeichnet.

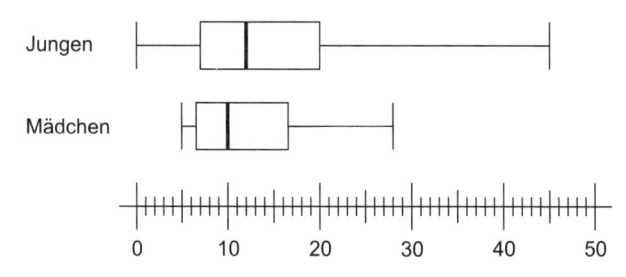

b) Den Boxplots kann man entnehmen, dass die Spannweite der Taschengeldverteilung bei den Jungen sehr viel größer ist als bei den Mädchen. Betrachtet man die einzelnen statistischen Kenngrößen, die man aus den Boxplots ablesen kann, erkennt man, dass als einzige Kenngröße das Minimum bei den Mädchen größer ist als bei den Jungen und sogar deutlich darüber liegt. Maximum, Median, unteres Quartil und oberes Quartil sind bei den Jungen größer als bei den Mädchen.
Während das untere Quartil der Jungen und das der Mädchen annähernd gleich groß sind und der Median der Jungen auch nur leicht über dem der Mädchen liegt, befindet sich das obere Quartil der Jungen bereits deutlich über dem der Mädchen. Das Maximum der Jungen liegt besonders weit über dem der Mädchen.

Eine exakte Aussage darüber, wer mehr Taschengeld bekommt, kann man anhand dieser Boxplots jedoch nicht treffen. Aus dem Boxplot kann man nur die Verteilung der Werte aber nicht deren exakte Höhe ablesen. So könnte es beispielsweise sein, dass nur ein einziger Junge Taschengeld in der Höhe von 45 € bekommt, also ein Ausreißer ist, und die Verteilung in der Box bei den Jungen ganz dicht beim Median liegt, sodass sich in der Summe ein geringerer Wert als bei den Mädchen ergibt. Auch sagen die Boxplots nichts über die Anzahl der Daten für die Jungen und die Mädchen aus.

196 a)

Altersgruppe	Minimum	Maximum	Median	unteres Quartil	oberes Quartil
21–25	5 €	51 €	26 €	17 €	31 €
16–20	5 €	53 €	17 €	12 €	31 €
11–15	0 €	35 €	9 €	6 €	19 €

b) Diese Aussage ist falsch. Bei den 16- bis 20-Jährigen ist das Maximum mit 53 € zwar am größten, es könnte jedoch von einem einzigen Befragten kommen. Das obere Quartil liegt bei 31 € und der Median bei 17 €. Das bedeutet, dass nur 50 % in dieser Altersgruppe mehr als 17 € und lediglich 25 % mehr als 31 € für das Handy ausgeben.
Bei den 21- bis 25-Jährigen liegt das obere Quartil ebenfalls bei 31 €, jedoch liegt hier das untere Quartil bei 17 €. Somit sind es in dieser Altersgruppe etwa 75 %, die mehr als 17 € für das Handy ausgeben. Der Median zeigt zudem an, dass 50 % mehr als 26 € ausgeben. Damit gibt diese Altersgruppe insgesamt am meisten Geld für das Handy aus.

197 a) Anzahl der Noten: n = 33 (= 2 + 4 + 10 + 9 + 6 + 2)

Note	1	2	3	4	5	6	
Relative Häufigkeit h	0,061	0,12	0,30	0,27	0,18	0,061	dezimal
	6,1 %	12 %	30 %	27 %	18 %	6,1 %	prozentual

b) Absolute Häufigkeit: 25
Relative Häufigkeit: $0{,}76 \left(= \dfrac{25}{33}\right)$ bzw. 76 %

c) Arithmetisches Mittel: $\dfrac{2 \cdot 1 + 4 \cdot 2 + 10 \cdot 3 + 9 \cdot 4 + 6 \cdot 5 + 2 \cdot 6}{33} = \dfrac{118}{33} = 3{,}58$

d) Absolute Häufigkeit/Säulendiagramm   Relative Häufigkeit/Torten-Diagramm

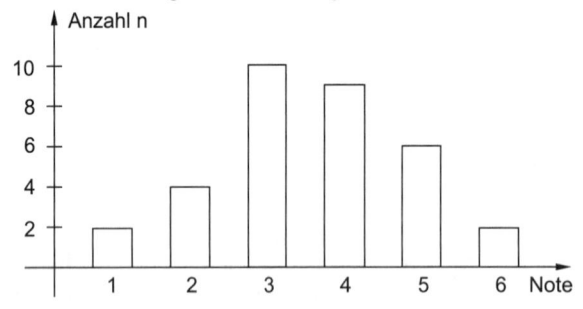

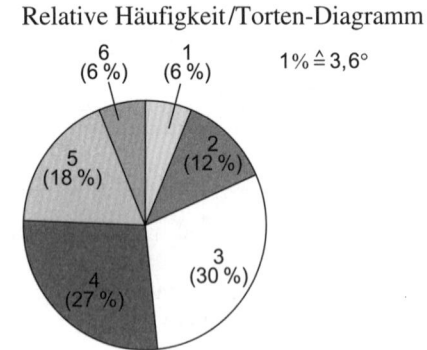

198 a) Weibliche Personen:
$w = \dfrac{2\,805}{5\,387} \cdot 100 \%$
$w \approx 52{,}07 \%$

b) Unter 18 Jahren:
$$n = \frac{5\,387}{100} \cdot 18{,}5$$
$$n \approx 997$$

c) Weibliche unter 18 Jahren:
$$w_n = \frac{997}{100} \cdot 52{,}6$$
$$w_n \approx 524$$

d)

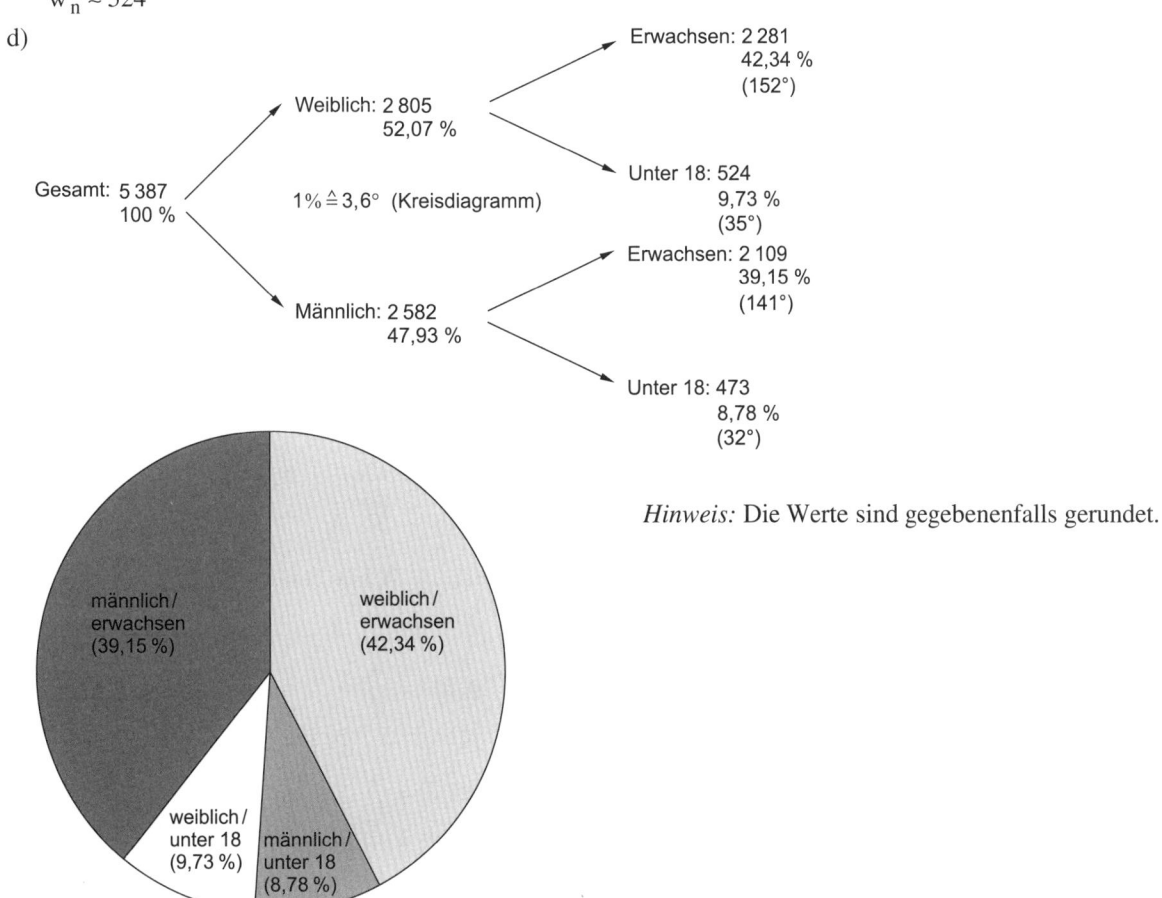

Gesamt: 5 387 / 100 %

Weiblich: 2 805 / 52,07 %
- Erwachsen: 2 281 / 42,34 % (152°)
- Unter 18: 524 / 9,73 % (35°)

Männlich: 2 582 / 47,93 %
- Erwachsen: 2 109 / 39,15 % (141°)
- Unter 18: 473 / 8,78 % (32°)

1 % ≙ 3,6° (Kreisdiagramm)

Hinweis: Die Werte sind gegebenenfalls gerundet.

- männlich / erwachsen (39,15 %)
- weiblich / erwachsen (42,34 %)
- weiblich / unter 18 (9,73 %)
- männlich / unter 18 (8,78 %)

e)

Jahre	0–10	11–20	21–30	31–40	41–50	51–60	61–70	71–80	>80	
Relative	0,116	0,126	0,138	0,161	0,163	0,136	0,088	0,052	0,020	dezimal
Häufigkeit	11,6 %	12,6 %	13,8 %	16,1 %	16,3 %	13,6 %	8,8 %	5,2 %	2,0 %	prozentual

Hinweis: Die Werte sind gegebenenfalls gerundet.

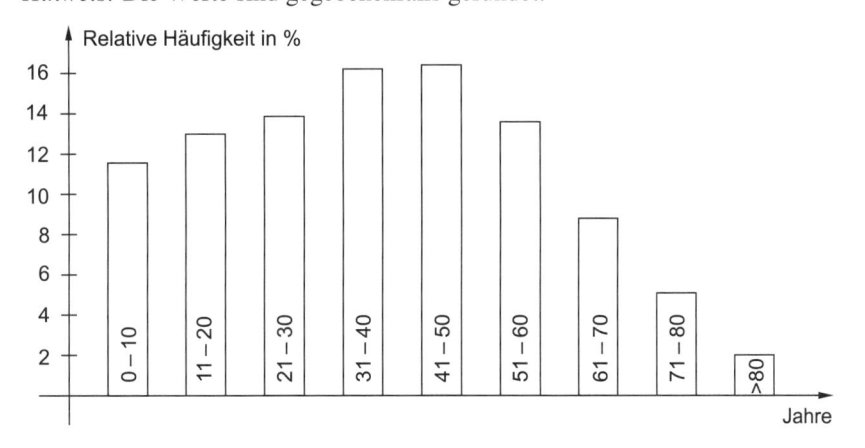

f) Anzahl der weiblichen Personen über 18 Jahre: 2 281 (siehe d)
Relative Häufigkeit: $\frac{2\,281}{5\,387} \approx 0,4234$ bzw. $42,34\,\%$

199 Ereignis 1:

Zahl ≥ 3 → $n_{E1} = 6$ $p(E1) = \frac{n_{E1}}{n}$

$p(E1) = \frac{6}{8}$

$p(E1) = 0,75$ bzw. $75\,\%$

Ereignis 2:

Zahl < 3 → $n_{E2} = 2$ $p(E2) = \frac{n_{E2}}{n}$

$p(E2) = \frac{2}{8}$

$p(E2) = 0,25$ bzw. $25\,\%$

oder Ereignis 2 ist das „Gegenereignis" zu Ereignis 1:
$p(E2) = 1 - p(E1)$
$p(E2) = 1 - 0,75 = 0,25$

200   E1: gerade $n_{E1} = 7$ E2: ungerade $n_{E2} = 8$

$p(E1) = \frac{7}{15}$ $p(E2) = \frac{8}{15}$

$p(E1) \approx 0,467$ bzw. $46,7\,\%$ $p(E2) \approx 0,533$ bzw. $53,3\,\%$

201 a) E1: Karo oder Herz $n_{E1} = 16$ $p(E1) = \frac{16}{32}$

$p(E1) = 0,5$ bzw. $50\,\%$

b) E2: Ein As $n_{E2} = 4$ $p(E2) = \frac{4}{32}$

$p(E2) = 0,125$ bzw. $12,5\,\%$

c) E3: Kreuz As $n_{E3} = 1$ $p(E3) = \frac{1}{32}$

$p(E3) \approx 0,031$ bzw. $3,1\,\%$

d) E4: Bube oder Dame oder König $n_{E4} = 12$ $p(E4) = \frac{12}{32}$

$p(E4) = 0,375$ bzw. $37,5\,\%$

e) E5: keine 7 $n_{E5} = 28$ $p(E5) = \frac{28}{32}$

$p(E5) = 0,875$ bzw. $87,5\,\%$

202 a) rot: $p(r) = \frac{1}{10}$ schwarz: $p(s) = \frac{2}{10}$

$p(r) = 0,1$ bzw. $10\,\%$ $p(s) = 0,2$ bzw. $20\,\%$

blau: $p(b) = \frac{3}{10}$ weiß: $p(w) = \frac{4}{10}$

$p(b) = 0,3$ bzw. $30\,\%$ $p(w) = 0,4$ bzw. $40\,\%$

b) Nein. Durch das Zurücklegen der Kugel stellt man die Ausgangssituation (wie bei a) wieder her.

c) Es befinden sich noch 9 Kugeln in der Urne. Zwei Kugeln sind schwarz.

$p(s) = \frac{2}{9}$

$p(s) \approx 0,22$ bzw. 22 %

203 a) Ergebnismenge $\Omega = \{(1;1)\ (1;2)\ ...\ (1;6)$
$(2;1)\ ....\ (2;6)$
$(3;1)\ ....\ (3;6)$
$(4;1)\ ....\ (4;6)$
$(5;1)\ ....\ (5;6)$
$(6;1)\ ....\ (6;6)\}$

b) $n_\Omega = 36$

Ereignis E1:   mindestens eine 6 $n_{E1} = 11$ $p(E1) = \frac{11}{36}$

$p(E1) \approx 0,306$ bzw. 30,6 %

Ereignis E2:   genau eine 6 $n_{E2} = 10$ $p(E2) = \frac{10}{36}$

$p(E2) \approx 0,278$ bzw. 27,8 %

Ereignis E3:   Augensumme ≥ 9 $n_{E3} = 10$ [(3;6) (4;5) (4;6) (5;4) (5;5) (5;6) (6;3) (6;4) (6;5) (6;6)]

$p(E3) = \frac{10}{36}$

$p(E1) \approx 0,278$ bzw. 27,8 %

204 a) Merkmal „weiblich": $n = 37$ $p = \frac{37}{100}$

$p = 0,37$ bzw. 37 %

b) Merkmal „Raucher/-in": $n = 42$ $p = \frac{42}{100}$

$p = 0,42$ bzw. 42 %

c) Merkmal „Nichtraucherin": $n = 20$ $p = \frac{20}{100}$

$p = 0,20$ bzw. 20 %

205

Schüler	Relative Häufigkeit	
	Kopf	Kante
1	0,756	0,244
2	0,802	0,198
3	0,739	0,261
4	0,779	0,221
5	0,793	0,207

Gesamtanzahl der Würfe: 5 000
Gesamtanzahl Kopf: 3 869
(Gesamtanzahl Kante: 1 131)
Wahrscheinlichkeit für das Ereignis „landet auf dem Kopf":

$p = \frac{3\,869}{5\,000}$

$p \approx 0,774$ bzw. 77,4 %

206 Ereignis 1: 97 % brauchbar → p(E1) = 0,97
Ereignis 2: von 100 brauchbaren sind 75 Güteklasse I → p(E2) = 0,75
Damit das Produkt erstklassig ist, muss es sowohl brauchbar als auch als Güteklasse I sein.
p = p(E1) · p(E2)
p = 0,97 · 0,75
p = 0,7275 bzw. 72,75 %
Wahrscheinlichkeit q dafür, dass das Produkt nicht zur Güteklasse 1 gehört:
q = 1 − p = 1 − 0,7275 = 0,2725

207 Wir erstellen für das Zufallsexperiment ein Baumdiagramm. ⊗ bedeutet: kein König.

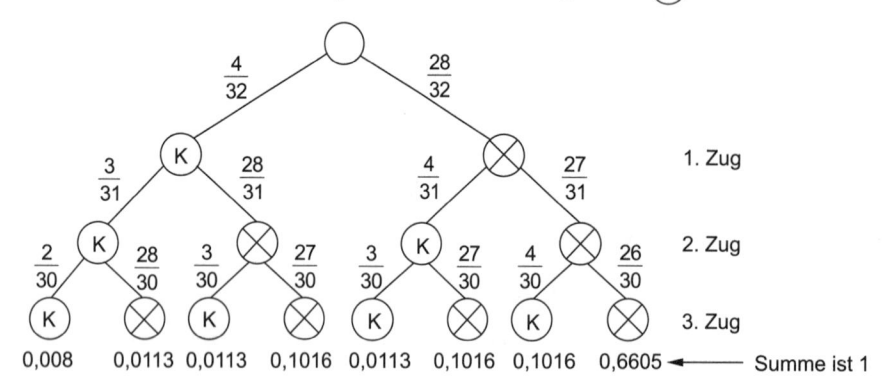

Wahrscheinlichkeiten an den Endknoten: 0,008 0,0113 0,0113 0,1016 0,0113 0,1016 0,1016 0,6605 ← Summe ist 1

Hinweis: Die Werte sind gegebenenfalls gerundet.

Die Zahlen im Baumdiagramm bedeuten die Wahrscheinlichkeiten auf den entsprechenden Zweigen.

1 König bei 3 Zügen: 3 Wege →   ○K⊗⊗   ○⊗K⊗   ○⊗⊗K

Wahrscheinlichkeit $p = \frac{4}{32} \cdot \frac{28}{31} \cdot \frac{27}{30} + \frac{28}{32} \cdot \frac{4}{31} \cdot \frac{27}{30} + \frac{28}{32} \cdot \frac{27}{31} \cdot \frac{4}{30}$

$p \approx 3 \cdot 0,1016$

$p = 0,3048$ bzw. 30,48 %

2 Könige bei 3 Zügen: 3 Wege →   ○KK⊗   ○K⊗K   ○⊗KK

Wahrscheinlichkeit $p = \frac{4}{32} \cdot \frac{3}{31} \cdot \frac{28}{30} + \frac{4}{32} \cdot \frac{28}{31} \cdot \frac{3}{30} + \frac{28}{32} \cdot \frac{4}{31} \cdot \frac{3}{30}$

$p \approx 3 \cdot 0,01129$

$p \approx 0,0339$ bzw. 3,39 %

3 Könige bei 3 Zügen: 1 Weg →   ○KKK

Wahrscheinlichkeit $p = \frac{4}{32} \cdot \frac{3}{31} \cdot \frac{2}{30}$

$p \approx 0,00081$ bzw. 0,081 %

208 a)

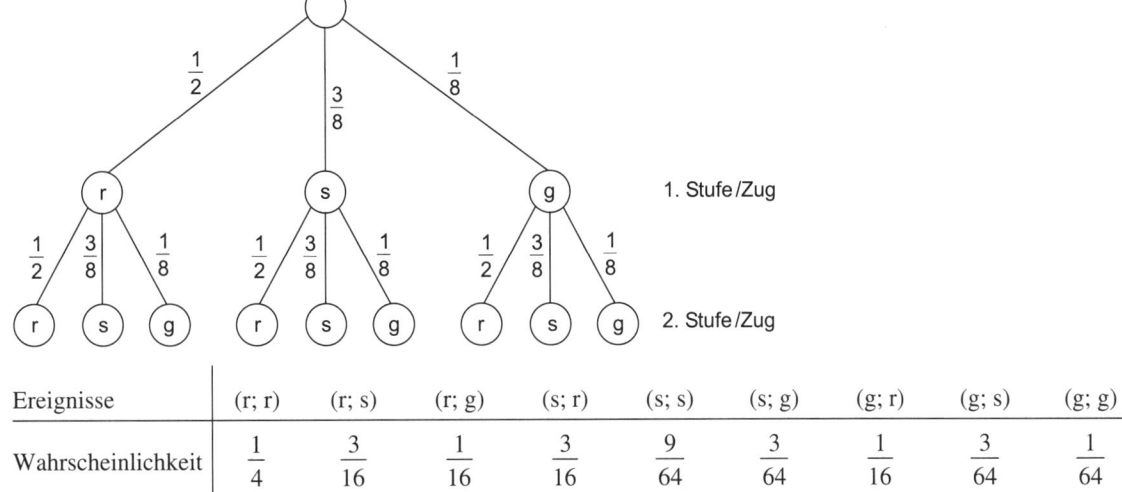

```
                    ○
          1/2      3/8     1/8
          /        |        \
         (r)      (s)       (g)         1. Stufe/Zug
       /  |  \   / | \    / | \
     1/2 3/8 1/8 1/2 3/8 1/8 1/2 3/8 1/8
      r   s   g   r  s  g   r  s  g      2. Stufe/Zug
```

Ereignisse	(r; r)	(r; s)	(r; g)	(s; r)	(s; s)	(s; g)	(g; r)	(g; s)	(g; g)
Wahrscheinlichkeit	$\frac{1}{4}$	$\frac{3}{16}$	$\frac{1}{16}$	$\frac{3}{16}$	$\frac{9}{64}$	$\frac{3}{64}$	$\frac{1}{16}$	$\frac{3}{64}$	$\frac{1}{64}$
	0,25	0,19	0,063	0,19	0,14	0,047	0,063	0,047	0,016

Hinweis: Die Werte sind gegebenenfalls gerundet.

b) E1: zweite gezogene Kugel schwarz → (r; s) (s; s) (g; s)

Wahrscheinlichkeit $p(E1) = \frac{3}{16} + \frac{9}{64} + \frac{3}{64}$

$p(E1) = \frac{24}{64}$

$P(E1) = 0,375$ bzw. $37,5\%$

c) E2: bei Kugeln grün → (g; g)

Wahrscheinlichkeit $p(E2) = \frac{1}{8} \cdot \frac{1}{8} = \frac{1}{64}$

$p(E2) \approx 0,016$ bzw. $1,6\%$

Aufgabe im Stil der Abschlussprüfung

Allgemeiner Teil

1 a) ☐ 0,9352 ☐ 9 352 ☐ 93,52 ☒ 9,352

b) Überschlagsrechnung: $1 \cdot 10 = 10$. Da von den angegebenen Lösungen nur 9,352 in der Größenordnung von 10 liegt, muss dies die richtige Lösung sein.

2 a) $140,58 - 39,123 - 0,07 = 101,387$ b) $-56,95 - 34,23 - 15,054 = -106,234$

b) $1,5^2 = 2,25$ d) $4\,556 : 8,5 = 536$

3 a) $9,5\text{ t} = 9\,500\text{ kg}$ b) $16\text{ min} = 960\text{ s}$

c) $8\text{ dm}^2 = 800\text{ cm}^2$ d) $4,5\,\ell = 4,5\text{ dm}^3 = 4\,500\text{ cm}^3$

4
    1 mm in 3 Tagen
   10 mm in 1 Monat (30 Tage)
  120 mm in 1 Jahr (12 Monate)
1 920 mm in 16 Jahren
1 920 mm ≈ 2 000 mm = 2 m
Antwort c ist richtig.

5 a) $\frac{5}{20} = \frac{1}{4}$ ist gefärbt.

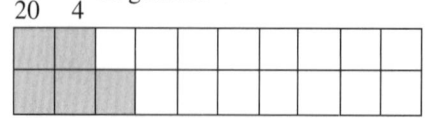

b) Das Rechteck besteht aus 30 kleinen Quadraten. Also müssen $\frac{2}{5} \cdot 30 = 12$ kleine Quadrate gefärbt werden. Dies ist z. B. eine mögliche Lösung:

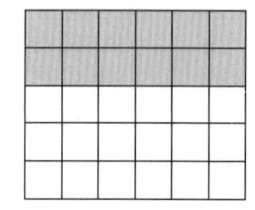

c) Bringe beide Brüche zuerst auf den Hauptnenner: $\frac{1}{3} = \frac{4}{12}$ und $\frac{1}{4} = \frac{3}{12}$.
Da zwischen den beiden Zählern keine ganze Zahl liegt, multipliziere bei beiden Brüchen Zähler und Nenner noch mit 2: $\frac{4 \cdot 2}{12 \cdot 2} = \frac{8}{24}$ und $\frac{3 \cdot 2}{12 \cdot 2} = \frac{6}{24}$. Demnach liegt z. B. der Bruch $\frac{7}{24}$ dazwischen.

Alternative Lösung:
Durch Probieren lassen sich ebenfalls Brüche zwischen $\frac{1}{3} = 0,333\ldots$ und $\frac{1}{4} = 0,25$ finden, etwa:
$\frac{2}{7} = 0,285\ldots,\ \frac{3}{10} = 0,3,\ \frac{3}{11} = 0,272\ldots$

6 a) Am schnellsten fährt er zwischen 1,5 h und 2,5 h, denn in diesem Abschnitt verläuft die Gerade am steilsten. (Er fährt dort mit 30 $\frac{km}{h}$.)

b) Die Durchschnittsgeschwindigkeit beträgt 20 $\frac{km}{h}$.
Er legt 110 km in 5,5 h zurück, also:
$$v = \frac{110 \text{ km}}{5,5 \text{ h}} = 20 \frac{km}{h}$$

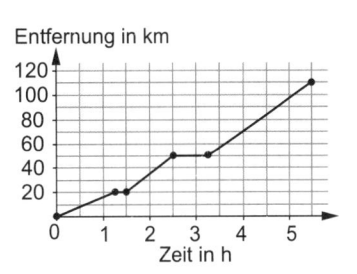

7 Der Arbeitstag des Monteurs dauert
4 h + 1 h + 3 h = 8 h.
Da der Kreis aus 24 gleich großen Teilen besteht, müssen die jeweiligen Brüche noch auf den Nenner 24 gebracht werden.

Kundendienst: 4 h von 8 h $\triangleq \frac{4}{8} = \frac{12}{24}$

Pausen: 1 h von 8 h $\triangleq \frac{1}{8} = \frac{3}{24}$

Abrechnungen: 3 h von 8 h $\triangleq \frac{3}{8} = \frac{9}{24}$

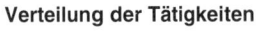

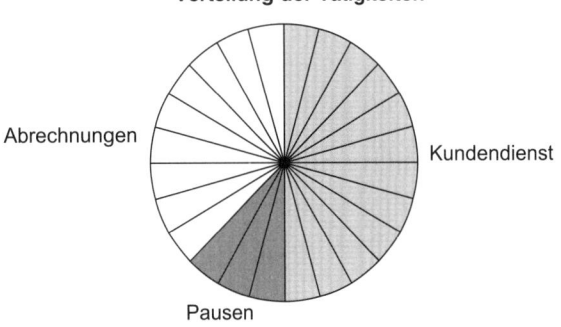

8 Berechnung der entstehenden Kosten:
Angebot 1:
Berechne zuerst die zusätzlichen Kosten:
Geg.: G = 250 €
p % = 5 %
Ges.: $W = \frac{G \cdot p}{100} = \frac{250 \text{ €} \cdot 5}{100} = 12,50$ €
Insgesamt: 250 € + 12,50 € = 262,50 €

Angebot 2:
6 · 45 € = 270 €

Also ist Angebot 1 günstiger.

9 Es liegt eine proportionale Zuordnung vor.

$: 1\,200 \begin{pmatrix} 1\,200\,\ell \triangleq 3 \text{ h} \\ 1\,\ell \triangleq \frac{3}{1\,200} \text{ h} \end{pmatrix} : 1\,200$

$\cdot 4\,000 \begin{pmatrix} \\ 4\,000\,\ell \triangleq \frac{3 \cdot 4\,000}{1\,200} \text{ h} \end{pmatrix} \cdot 4\,000$

Nach 10 Stunden sind 4 000 Liter im Teich.

10 Es liegt eine antiproportionale Zuordnung vor.

$: 4 \begin{pmatrix} 4 \text{ Personen} \triangleq 12 \text{ Tage} \\ 1 \text{ Person} \triangleq 48 \text{ Tage} \\ 3 \text{ Personen} \triangleq 16 \text{ Tage} \end{pmatrix} \begin{matrix} \cdot 4 \\ : 3 \end{matrix}$

Wenn 3 Personen an der Expedition teilnehmen, würde der Vorrat 16 Tage reichen.

11 a) Erhöhung **um** 20 % bedeutet 20 % mehr, also ist der Prozentwert W zum Prozentsatz p % = 120 % gesucht.
$$W = \frac{G \cdot p}{100} = \frac{360 \text{ €} \cdot 120}{100} = 432 \text{ €}$$

b) Verminderung **auf** 20 % bedeutet, dass der Prozentwert W zum Prozentsatz p % = 20 % gesucht ist.
$$W = \frac{G \cdot p}{100} = \frac{520 \, € \cdot 20}{100} = 104 \, €$$

c) Der ursprüngliche Wert, der 100 % entspricht, wurde auf den 3-fachen Wert vergrößert. Demnach wurde er auf $3 \cdot 100\,\% = 300\,\%$ vergrößert.

d) Der ursprüngliche Wert, der 100 % entspricht, wurde auf ein Viertel verkleinert, also auf 25 %. Demnach wurde er um $100\,\% - 25\,\% = 75\,\%$ verkleinert.

12 Umstellen der Formel:
$$Z = \frac{K \cdot p}{100} \cdot \frac{t}{360} \quad \Big| \cdot \frac{100}{K \cdot p}$$
$$Z \cdot \frac{100}{K \cdot p} = \frac{t}{360} \quad \Big| \cdot 360$$
$$t = Z \cdot \frac{100}{K \cdot p} \cdot 360$$

Berechnung:
$$t = 5 \, € \cdot \frac{100}{5\,000 \, € \cdot 4} \cdot 360 = 9$$

Nach 9 Tagen betragen Leas Zinsen genau 5 €.

13 a) Fehler: $\quad = x^2 + 14x + \boxed{14} - 7x \boxed{+} 21$
Berichtigung: $\quad = x^2 + 14x + 49 - 7x - 21$
Vereinfachung: $\quad = x^2 + 7x + 28$

b) Beim ersten Fehler hat Hannes $2 \cdot 7$ gerechnet, anstatt 7^2.
Beim zweiten Fehler hat er das Minuszeichen vor der Klammer nicht berücksichtigt.

14
$$(x+3)^2 - 5(x-2) - 2x^2 = 124 - x^2$$
$$x^2 + 6x + 9 - 5x + 10 - 2x^2 = 124 - x^2$$
$$-x^2 + x + 19 = 124 - x^2 \quad |+x^2 \quad |-19$$
$$x = 105$$

15 $u = 2a + 2b$

a) I $\quad a + b = 20 \quad$ falsch
II $\quad a - 2 = b \quad$ wahr

b) Richtige Lösung
I $\quad 2a + 2b = 20 \quad$ wahr
II $\quad a = b + 2 \quad$ wahr

c) I $\quad 2a = 20 - 2b \quad$ wahr
II $\quad a + 2 = b \quad$ falsch

d) I $\quad 2a = 20 + 2b \quad$ falsch
II $\quad a - b = 2 \quad$ wahr

16 α ist Stufenwinkel zu 55°, also α = 55°.
β ist Scheitelwinkel zu 70°, also β = 70°.
α + β + γ = 180° (Winkelsumme im Dreieck)
$$\gamma = 180° - \alpha - \beta$$
$$\gamma = 180° - 55° - 70° = 55°$$

Alternative Lösung:
δ ist Stufenwinkel zu 70°, also δ = 70°.
γ + δ + 55° = 180° (Nebenwinkel)
$$\gamma = 180° - \delta - 55°$$
$$\gamma = 180° - 70° - 55° = 55°$$

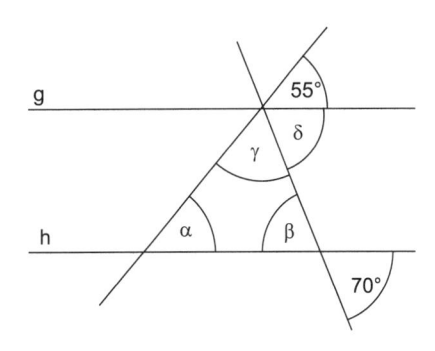

---

17 Aus dem Strahlensatz folgt:

$$\frac{9\,m}{36\,m + 9\,m} = \frac{6\,m}{h} \quad | \cdot h$$

$$h \cdot \frac{9\,m}{45\,m} = 6\,m \quad \Big| \cdot \frac{45\,m}{9\,m}$$

$$h = 6\,m \cdot \frac{45\,m}{9\,m} = 30\,m$$

Der Turm ist 30 m hoch.

---

18 Gegeben: $V = 150$ Liter $\hat{=} 150\,dm^3$
$a = 5\,dm$
$b = 6\,dm$

Gesucht: c

Formel: $V = a \cdot b \cdot c \quad | : (a \cdot b)$

$$c = \frac{V}{a \cdot b}$$

$$c = \frac{150\,dm^3}{30\,dm^2}$$

$$c = 5\,dm$$

Die Höhe muss mindestens 5 dm betragen.

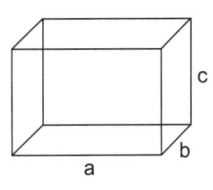

19

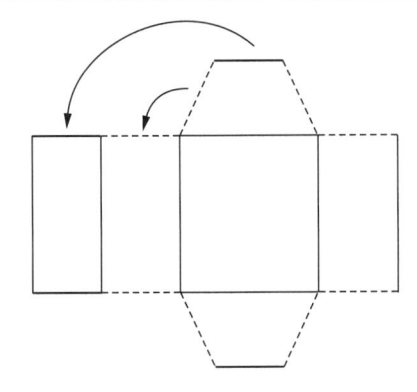

20 a) $V = (c^2 - 4a^2) \cdot h$ wahr

b) $V = 4 \cdot a \cdot b \cdot h + b^2$ falsch

c) $V = c^2 \cdot h - 4 \cdot a^2 \cdot h$ wahr

d) $V = c^2 \cdot h - 4 \cdot a \cdot b$ falsch

Bei den richtigen Lösungen wird das gesuchte Volumen berechnet, indem vom umgebenden großen Quader mit Vorderkanten c, die 4 kleinen Quader mit Vorderkanten a abgezogen werden.

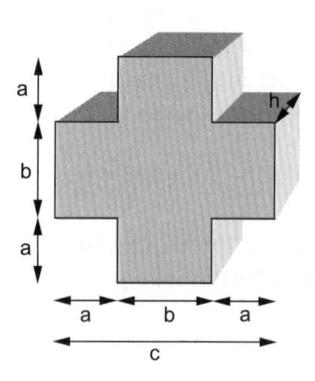

Hauptteil

21 a) Zuerst müssen die Seite b und die Höhe h im Trapez berechnet werden.

Berechnung der Höhe h:

$$\tan 65° = \frac{h}{2\,\text{cm}} \quad |\cdot 2\,\text{cm}$$

$$\tan 65° \cdot 2\,\text{cm} = h$$

$$h \approx 4,29\,\text{cm}$$

Berechnung der Seite b:

$$\cos 65° = \frac{2\,\text{cm}}{b} \quad |\cdot b$$

$$\cos 65° \cdot b = 2\,\text{cm} \quad |:\cos 65°$$

$$b = \frac{2\,\text{cm}}{\cos 65°}$$

$$b \approx 4,73\,\text{cm}$$

Hinweis: Die Seite b kann man auch mit dem Satz des Pythagoras berechnen.

Berechnung der Trapezfläche (Grundfläche):

$$G = \frac{a+c}{2} \cdot h$$

$$G = \frac{8\,\text{cm} + 12\,\text{cm}}{2} \cdot 4,29\,\text{cm}$$

$$G = 42,9\,\text{cm}^2$$

Berechnung des Mantels:

$$M = u \cdot h_k$$

$$M = (2b + a + c) \cdot h_k$$

$$M = (2 \cdot 4,73\,\text{cm} + 8\,\text{cm} + 12\,\text{cm}) \cdot 15\,\text{cm}$$

$$M = 441,9\,\text{cm}^2$$

Berechnung der Oberfläche:

$$O = 2 \cdot G + M$$

$$O = 2 \cdot 42,9\,\text{cm}^2 + 441,9\,\text{cm}^2$$

$$O = 527,7\,\text{cm}^2$$

Berechnung der zusätzlichen 16 %:

16 % von 527,7 cm² sind $0,16 \cdot 527,7\,\text{cm}^2 = 84,432\,\text{cm}^2$

Insgesamt sind es dann 527,7 cm² + 84,432 cm²

= 612,132 cm²

≈ 612 cm² ($\hat{=}$ 116 %)

Es werden 612 cm² Pappe für die Herstellung einer Verpackung benötigt.

b) Berechnung des Volumens:

$$V = G \cdot h_k$$

$$V = 42,9\,\text{cm}^2 \cdot 15\,\text{cm}$$

$$V = 643,5\,\text{cm}^3$$

Berechnung der Masse:

$$1\,\text{cm}^3 \hat{=} 1,56\,\text{g} \quad |\cdot 643,5\,\text{cm}^3$$

$$643,5\,\text{cm}^3 \hat{=} 1\,003,86\,\text{g}$$

Alternative Lösungsmöglichkeit:

Berechnung mit der Dichteformel: $m = V \cdot \rho$

Die Masse an Salz, die maximal in eine Verpackung passt, beträgt 1 003,86 g.

22 a) Stelle die Volumenformel des Kegels so um, dass die Höhe berechnet werden kann.
Das Volumen (V = 650 cm³) und der Durchmesser (d = 12 cm) sind gegeben.

$$V = \frac{1}{3}\pi \cdot r^2 \cdot h_k \qquad |\cdot 3 \quad |:(\pi \cdot r^2)$$

$$\frac{3 \cdot V}{\pi \cdot r^2} = h_k$$

$$h_k = \frac{3 \cdot V}{\pi \cdot r^2}$$

$$h_k = \frac{3 \cdot 650\,\text{cm}^3}{\pi \cdot (6\,\text{cm})^2}$$

$$h_k \approx 17\,\text{cm}$$

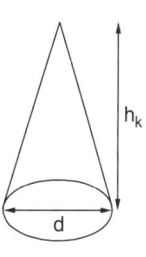

Der Kegel müsste eine Höhe von 17 cm haben, damit 650 cm³ Zucker hineinpassen.

b) Richtige Antwort: 80 cm³

Für den zu betrachtenden Kegel gilt: $h_k' = 8{,}5\,\text{cm}$ und $r' = 3\,\text{cm}$

Berechnung des Volumens:

$$V = \frac{1}{3}\pi \cdot (r')^2 \cdot h_k'$$

$$V = \frac{1}{3}\pi \cdot (3\,\text{cm})^2 \cdot 8{,}5\,\text{cm}$$

$$V \approx 80\,\text{cm}^3$$

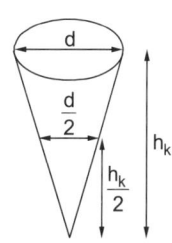

Alternative Lösung:

Man begründet das Ergebnis anhand der Volumenformel $V = \frac{1}{3}\pi \cdot r^2 \cdot h_k$.

In den ganzen Kegel passen 650 cm³ Zucker. Bei halbem Radius passt nur noch ein Viertel der Menge hinein (also 162,5 cm³), da der Radius in der Formel quadriert wird: $\left(\frac{r}{2}\right)^2 = \frac{r^2}{4}$

Zusätzlich ist die Höhe h_k zu halbieren. Deshalb muss der vorige Wert nochmals halbiert werden. Es passen also 81,25 cm³ in den bis zur halben Höhe gefüllten Kegel.

---

23 a) Im Dreieck ABC sind die beiden Seiten a und c, sowie der Winkel β gegeben.

a = 320 m
c = 410 m
β = 120°

Da das Dreieck nicht rechtwinklig ist, muss man mit dem Sinussatz und Kosinussatz arbeiten.

Berechnung der Länge der Seite b mit dem Kosinussatz:

$b^2 = a^2 + c^2 - 2ac \cdot \cos\beta$
$b^2 = (320\,\text{m})^2 + (410\,\text{m})^2 - 2 \cdot 320\,\text{m} \cdot 410\,\text{m} \cdot \cos 120°$
$b^2 = 401\,700\,\text{m}^2$
$b = 633{,}7980751\,\text{m} \approx 634\,\text{m}$

Berechnung des Winkels γ mit dem Sinussatz:

$$\frac{b}{\sin\beta} = \frac{c}{\sin\gamma} \qquad |\cdot \sin\gamma \quad |\cdot \sin\beta$$

$$b \cdot \sin\gamma = c \cdot \sin\beta \qquad |:b$$

$$\sin\gamma = \frac{c \cdot \sin\beta}{b}$$

$$\sin\gamma = \frac{410\,\text{m} \cdot \sin(120°)}{634\,\text{m}}$$

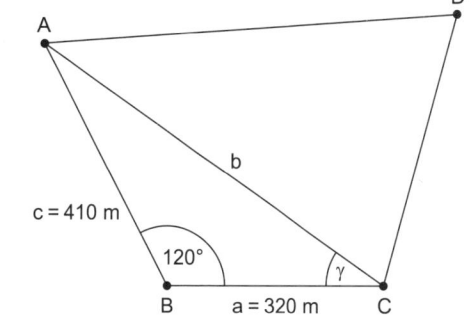

$$\gamma \approx 34{,}1°$$

Die Straße, die von A nach C führt, hat eine Länge von 634 m und trifft in einem Winkel von 34,1° auf die Straße, die von B nach C führt.

b) Zur Lösung muss der Flächeninhalt des Dreiecks ABC bestimmt werden. Formel: $A = \frac{g \cdot h}{2}$

Als Grundseite wird die Seite b gewählt, da die Höhe h_b mit dem Sinus von γ berechnet werden kann.

Berechnung der Höhe h_b:

$\sin \gamma = \frac{h_b}{a}$ $\quad | \cdot a$

$\sin \gamma \cdot a = h_b$

$h_b = \sin(34,1°) \cdot 320 \text{ m}$

$h_b \approx 179,4 \text{ m}$

Berechnung des Flächeninhalts:

$A = \frac{b \cdot h_b}{2}$

$A = \frac{634 \text{ m} \cdot 179,4 \text{ m}}{2}$

$A = 56\,869,8 \text{ m}^2$

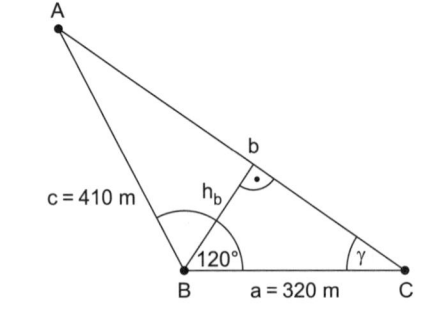

Berechnung der verbleibenden Fläche:

Werden 65 % für Zufahrten und Bepflanzungen abgezogen verbleiben 35 % zum Bebauen.

$100 \% \;\hat{=}\; 56\,869,8 \text{ m}^2 \quad |:100$

$1 \% \;\hat{=}\; 568,698 \text{ m}^2 \quad |\cdot 35$

$35 \% \;\hat{=}\; 19\,904,43 \text{ m}^2 \approx 19\,904 \text{ m}^2$

Die zur Verfügung stehende Fläche wird durch 500 geteilt: $19\,904 \text{ m}^2 : 500 \text{ m}^2 = 39,808$

Da pro Bungalow *mindestens* eine Fläche von 500 m² zur Verfügung stehen muss, kann es maximal 39 Bungalows geben. Für den 40-sten Bungalow würden nur 404 m² zur Verfügung stehen.

24 a) Stellt man die Geraden eines linearen Gleichungssystems ohne Lösung grafisch dar, so verlaufen die Geraden parallel. Das zugehörige Gleichungssystem hat keine Lösung, da parallele Geraden keinen Schnittpunkt haben.

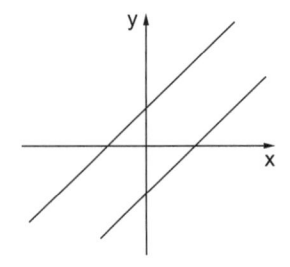

b) Es gibt viele verschiedene Lösungsmöglichkeiten. Eine mögliche Lösung lautet:

I $x + y = 1$ $\quad \Leftrightarrow \quad$ I $y = -x + 1$
II $x + y = 2$ II $y = -x + 2$

Allgemein: Sind die Steigungen der Funktionsgleichungen gleich (hier: −1), die y-Achsenabschnitte jedoch verschieden (hier: 1 bzw. 2), hat das Gleichungssystem keine Lösung.

Wahlaufgaben

25 Anna muss den Flächeninhalt der beiden Törtchen berechnen und prüfen, ob der Preis dem jeweiligen Flächeninhalt entspricht. Der Radius des kleinen Törtchens beträgt $r_k = 4$ cm, der des großen $r_g = 8$ cm.

Berechnung der Flächeninhalte der beiden Törtchen:

$A_k = \pi \cdot r_k^2$ $\qquad\qquad\qquad\qquad\qquad A_g = \pi \cdot r_g^2$

$A_k = \pi \cdot (4 \text{ cm})^2$ $\qquad\qquad\qquad\quad A_g = \pi \cdot (8 \text{ cm})^2$

$A_k \approx 50,27 \text{ cm}^2$ $\qquad\qquad\qquad\quad\; A_g \approx 201,06 \text{ cm}^2$

Verhältnis der beiden Flächeninhalte:
$$\frac{A_g}{A_k} = \frac{201{,}06 \text{ cm}^2}{50{,}27 \text{ cm}^2} \approx 4$$
Das große Törtchen ist demnach viermal so groß.

Alternative Lösung:
Man begründet ohne konkrete Rechnung anhand der Flächenformel des Kreises: $A = \pi \cdot r^2$
Der Radius des großen Törtchens ist doppelt so groß, also muss der Flächeninhalt viermal so groß sein, da der Radius quadriert wird: $A_g = \pi \cdot (2r_k)^2 = \pi \cdot 4r_k^2 = 4 \cdot A_k$.
(Vielfältige andere Argumentationen sind hier denkbar. Z. B. kann man die Fläche des kleinen Törtchens mit 3 multiplizieren und feststellen, dass die Fläche kleiner ist, als die des großen Törtchens, usw.)

Das große Törtchen ist viermal so groß wie das kleine Törtchen, kostet aber nur dreimal so viel. Deshalb sollte Anna besser ein großes Törtchen kaufen.

26 Flächeninhalt des kleinen Rechtecks:
$A_k = 27 \text{ cm} \cdot 16 \text{ cm}$
$A_k = 432 \text{ cm}^2$

Der Flächeninhalt des großen Rechtecks beträgt 408 cm² mehr:
$A_g = 432 \text{ cm}^2 + 408 \text{ cm}^2 = 840 \text{ cm}^2$

Nach der Verlängerung der beiden Seiten gilt für die Seitenlängen des großen Rechtecks:
$a = 16 + x$
$b = 27 + x$

Somit erhält man folgende Gleichung für den Flächeninhalt des vergrößerten Rechtecks:
$840 = (16 + x)(27 + x)$ Dies ist eine quadratische Gleichung.
$840 = 432 + 16x + 27x + x^2$ Zur Lösung muss man sie zuerst in die Normalform
$840 = x^2 + 43x + 432 \quad | -840$ umformen. Dann kann man sie mit der p-q-Formel
$0 = x^2 + 43x - 408$ oder der quadratischen Ergänzung lösen.

Lösung mit der p-q-Formel:
$p = 43; \; q = -408$

$$x_{1,2} = -\frac{p}{2} \pm \sqrt{\left(\frac{p}{2}\right)^2 - q}$$

$$x_{1,2} = -\frac{43}{2} \pm \sqrt{\left(\frac{43}{2}\right)^2 - (-408)}$$

$x_1 = 8; \; x_2 = -51$

Da das Ergebnis nur positiv sein kann, ist $x = 8$.
$a = 16 \text{ cm} + 8 \text{ cm} = 24 \text{ cm}$
$b = 27 \text{ cm} + 8 \text{ cm} = 35 \text{ cm}$

In dem großen Dreieck ist die Seite $a = 24$ cm und die Seite $b = 35$ cm lang.

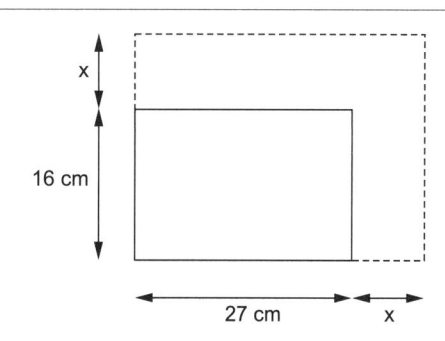

27 a) Berechne den Bremsweg indem du die Geschwindigkeit durch 10 dividierst und das Ergebnis quadrierst.

v in $\frac{km}{h}$	Bremsweg in m
0	0
10	1
20	4
30	9
40	16
50	25
60	36
70	49
80	64
90	81
100	100

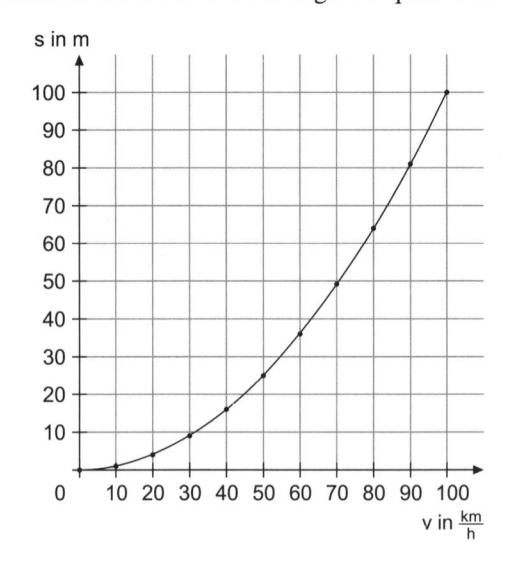

b) Peters Behauptung ist falsch.
Wenn sich die Geschwindigkeit verdoppelt, so wird der Bremsweg viermal so lang. Z. B. bei einer Geschwindigkeit von 50 $\frac{km}{h}$ ist der Bremsweg 25 m, bei der doppelten Geschwindigkeit von 100 $\frac{km}{h}$ ist jedoch der Bremsweg 100 m.
Man kann auch anhand der Formel argumentieren:
Bei der Geschwindigkeit v ist der Bremsweg $\left(\frac{v}{10}\right)^2 = \frac{v^2}{100}$.
Bei der doppelten Geschwindigkeit 2v ist der Bremsweg $\left(\frac{2v}{10}\right)^2 = 4 \cdot \frac{v^2}{100}$, also viermal so lang.

c) Berechne den Abstand indem du die Geschwindigkeit durch zwei dividierst.

v in $\frac{km}{h}$	Abstand in m
0	0
10	5
20	10
30	15
40	20
50	25
60	30
70	35
80	40
90	45
100	50

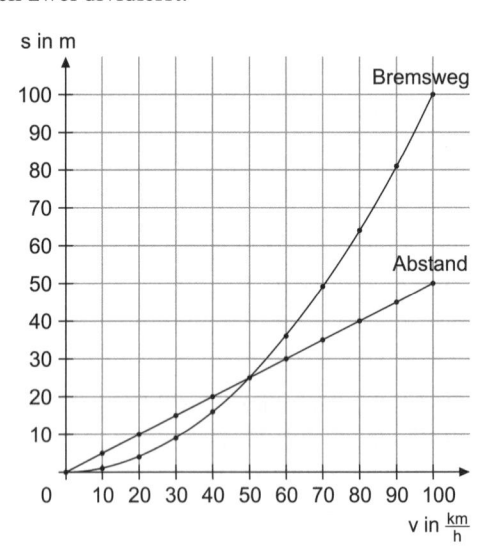

Die Abstandsregel ist nur bei niedrigen Geschwindigkeiten zwischen 0 und 50 $\frac{km}{h}$ wirklich sicher. Bei 50 $\frac{km}{h}$ ist der Abstand genau so groß wie der Bremsweg, danach ist der Bremsweg immer größer als der Abstand. Je höher die Geschwindigkeit, desto größer wird der Unterschied zwischen dem Bremsweg und dem Abstand. Es könnte zu Unfällen kommen, da der Abstand nicht ausreichen könnte um rechtzeitig zu bremsen. Z. B. bei 100 $\frac{km}{h}$ beträgt der Bremsweg 100 m, der einzuhaltende Abstand jedoch nur 50 m, es könnte zu einem Auffahrunfall kommen. Die Regel kann auch kritisch beleuchtet werden im Hinblick auf unterschiedliche Witterungsbedingungen und Straßenverhältnisse.

28 a) Zeichnung für die Teilaufgaben a, b, c und d.

  b) Siehe Teilaufgabe a.

  c) $P_4(6|1)$; g_3: $y = 1$; g_4: $y = -1{,}5x + 10$

  d) Siehe Teilaufgabe a.

  e) p: $y = (x-4)^2 - 3$

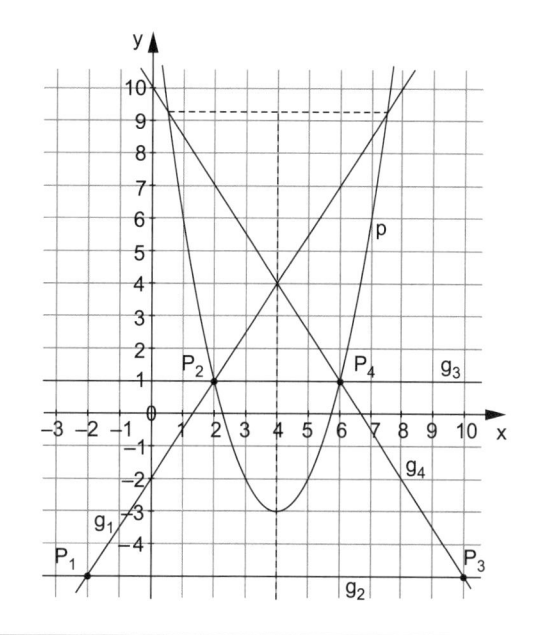

Abschlussprüfung 2015

Allgemeiner Teil

Hinweise und Tipps

1 a) $6 \cdot (3-1) = 6 \cdot 2 = \mathbf{12}$

Berechne zuerst die Klammer.

b) $460{,}5 : 100 = \mathbf{4{,}605}$

Da durch 100 geteilt wird, musst du das Komma um zwei Stellen nach links verschieben.

c) $8 - 1\frac{3}{4} = 7 - \frac{3}{4} = \mathbf{6\frac{1}{4}}$

Subtrahiere erst die ganzen Zahlen, dann den Bruch.

Alternativ:

$8 - 1\frac{3}{4} = 8 - \frac{7}{4} = \frac{32}{4} - \frac{7}{4} = \frac{25}{4} = \mathbf{6\frac{1}{4}}$

Wandle 8 in einen Bruch mit Nenner 4 um und schreibe den gemischten Bruch als unechten Bruch. Subtrahiere dann.

d) $0{,}3 \cdot 0{,}07 = \mathbf{0{,}021}$

Addiere die Zahl der Nachkommastellen (3). Das Ergebnis muss die gleiche Anzahl an Nachkommastellen aufweisen.

2 ☐ -1^{25} ☐ $(10-5)^2$ ☐ $-20+5$ ☒ -5^2

Berechne jeweils die Ergebnisse:
$-1^{25} = -1$; $(10-5)^2 = 5^2 = 25$; $-20+5 = -15$; $-5^2 = -25$

3

$(5x+1) \cdot 4 = 25x + 6(x-2)$
$20x + 4 = 25x + 6x \;\boxed{-2}$
$20x + 4 = 31x - 2$

Diese Umformung ist falsch. Bei der Multiplikation eines Faktors mit einer Klammer muss jeder Term in der Klammer mit dem Faktor multipliziert werden. Statt -2 hätte Paula -12 auf der rechten Seite rechnen müssen.

4 $4x - 21 = \dfrac{x}{2}$

Alternativ:

$4x - 21 = \dfrac{1}{2}x$

Überlege dir schrittweise, was die Satzbausteine bedeuten. Das *Vierfache einer Zahl* bezieht sich auf eine unbekannte Zahl, hier x.
Zahl: $\quad x$
Vierfache der Zahl: $\quad 4 \cdot x = 4x$
Hälfte der Zahl: $\quad \frac{x}{2} = \frac{1}{2}x$

5

$7{,}4 < 7{,}\overline{4} < 7{,}44$ ☐

$7{,}44 < 7{,}\overline{4} < 7{,}4$ ☐

$7{,}4 < 7{,}44 < 7{,}\overline{4}$ ☒

Der Querstrich über einer Ziffer bedeutet, dass die Zahl mit der Ziffer unendlich periodisch fortgesetzt wird. Somit gilt hier:
$7{,}\overline{4} = 7{,}444444\ldots$

6

Aussage	wahr	falsch
$0{,}345\ \text{t} = 34{,}5\ \text{kg}$		✗
$5\ \text{m}^2 = 500\ \text{dm}^2$	✗	
$3\frac{1}{3}\ \text{h} = 210\ \text{min}$		✗
$3\ \text{m}\ 5\ \text{cm} = 35\ \text{cm}$		✗

Wegen $1\ \text{t} = 1\,000\ \text{kg}$ gilt: $0{,}345\ \text{t} = 0{,}345 \cdot 1\,000\ \text{kg} = 345\ \text{kg}$

Wegen $1\ \text{m}^2 = 100\ \text{dm}^2$ gilt: $5\ \text{m}^2 = 5 \cdot 100\ \text{dm}^2 = 500\ \text{dm}^2$

Wegen $1\ \text{h} = 60\ \text{min}$ gilt: $3\frac{1}{3}\ \text{h} = \frac{10}{3}\ \text{h} = \frac{10}{3} \cdot 60\ \text{min} = 200\ \text{min}$

Wegen $1\ \text{m} = 100\ \text{cm}$ gilt: $3\ \text{m}\ 5\ \text{cm} = 300\ \text{cm} + 5\ \text{cm} = 305\ \text{cm}$

Hinweise und Tipps

7 a) Anzahl der Bahnen:
1 km : 25 m = 1 000 m : 25 m = 40

Benötigte Zeit:
40 · 30 s = 1 200 s

Umrechnung in Minuten:
$$1\,200\,s = \frac{1\,200}{60}\,\min = 20\,\min$$

Mia braucht für den Kilometer 20 Minuten.

Berechne zunächst, wie viele Bahnen Mia schwimmen muss, um 1 Kilometer zu schaffen. Beachte: 1 km = 1 000 m

Pro Bahn braucht Mia 30 s. Berechne damit, wie lange sie für alle Bahnen braucht. Rechne das Ergebnis in Minuten um.

b) Zeitunterschied zu Mias Zeit:
40 · 3 s = 120 s = 2 min

Alternativ:
Benötigte Zeit der Freundin:
40 · (30 s + 3 s) = 1 320 s

Umrechnung in Minuten:
$$1\,320\,s = \frac{1\,320}{60}\,\min = 22\,\min$$

Zeitdifferenz:
22 min − 20 min = 2 min

Mias Freundin erreicht 2 Minuten später das Ziel.

Mias Freundin muss ebenfalls 40 Bahnen schwimmen. Für jede Bahn braucht sie 3 s länger als Mia. Multipliziere also die Zahl der Bahnen mit diesen 3 s.

Alternativ kannst du auch die Zeit berechnen, die Mias Freundin für 40 Bahnen braucht, und dann Mias Zeit von der berechneten Zeit abziehen.

---

8 Berechnung der Höhe der Reduzierung mit dem Dreisatz:

$:100$ $\left(\begin{array}{c} 100\,\% \,\triangleq\, 60\,€ \\ 1\,\% \,\triangleq\, 0{,}6\,€ \\ 20\,\% \,\triangleq\, 12\,€ \end{array}\right)$ $:100$
$\cdot 20$ $\cdot 20$

Berechnung des neuen Preises:
60 € − 12 € = 48 €

Alternative Berechnung des neuen Preises:

$:100$ $\left(\begin{array}{c} 100\,\% \,\triangleq\, 60\,€ \\ 1\,\% \,\triangleq\, 0{,}6\,€ \\ 80\,\% \,\triangleq\, 48\,€ \end{array}\right)$ $:100$
$\cdot 80$ $\cdot 80$

Die Ware kostet jetzt 48 €.

Berechne zunächst mit dem Dreisatz, um wie viel die Ware reduziert wurde. Der ursprüngliche Preis entspricht dabei dem Grundwert, also 100 %. Subtrahiere dann den Rabatt.

Alternativ kannst du die Höhe der Reduzierung auch mit der Lösungsformel berechnen:
$$W = \frac{G \cdot p}{100} = \frac{60\,€ \cdot 20}{100} = 12\,€$$

Da die Ware um 20 % reduziert wurde, muss man nur 100 % − 20 % = 80 % des ursprünglichen Preises bezahlen. Auch hier kannst du die Höhe des neuen Preises mit der Lösungsformel berechnen:
$$W = \frac{G \cdot p}{100} = \frac{60\,€ \cdot 80}{100} = 48\,€$$

---

9 a) Die Winkelsumme im Dreieck beträgt 180°. Im gleichschenkligen Dreieck gilt damit:
β = 180° − 2 · α
β = 180° − 2 · 50°
β = 80°

Im gegebenen Dreieck sind die beiden Seiten a gleich lang. Es handelt sich also um ein gleichschenkliges Dreieck, welches damit auch zwei gleich große Winkel α hat. Berechne β mithilfe der Innenwinkelsumme im Dreieck.

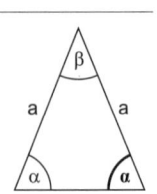

b) Da es sich um ein gleichseitiges Dreieck handelt, gilt:
α = 60°

Berechnung von γ:
Weil γ und α Nebenwinkel sind, ergänzen sie sich zu 180°. Damit gilt:
γ = 180° − α
γ = 180° − 60°
γ = 120°

Im gegebenen Dreieck sind alle drei Seiten gleich lang. Es handelt sich also um ein gleichseitiges Dreieck. Da in gleichseitigen Dreiecken alle Winkel gleich groß sind, betragen die Innenwinkel α = 180° : 3 = 60°. Der gesuchte Winkel γ ist Nebenwinkel zu einem der 60°-Winkel. Somit ergänzen sich γ und der 60°-Winkel zu 180°.

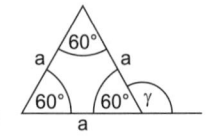

Hinweise und Tipps

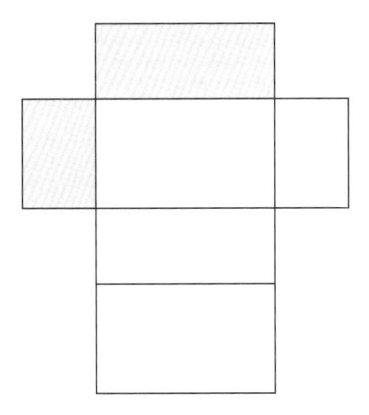

10 Überlege, welche Seitenflächen fehlen, um aus dem Netz einen Quader bilden zu können.

Alternativ:

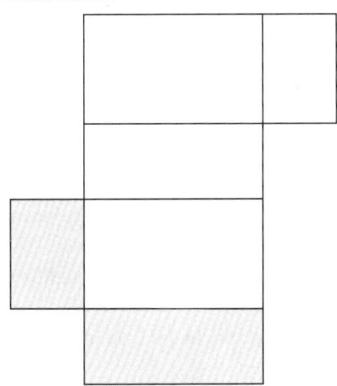

Es gibt noch weitere Möglichkeiten.

11

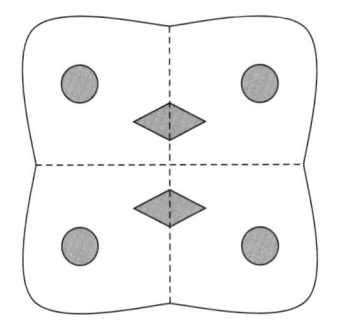

Um das Muster zu finden, musst du die Serviette in Gedanken auffalten. Dazu musst du das Teilmuster einmal an der „x-Achse" und einmal an der „y-Achse" spiegeln:

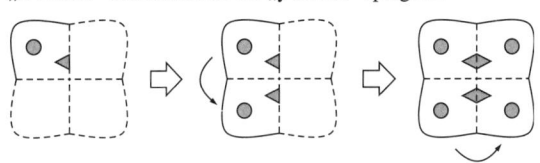

Probiere es selbst an einem zweimal gefalteten Blatt aus.

12 Mögliche Kombinationen:

I: $2\,€ + 20\,ct + 20\,ct + 5\,ct = 2{,}45\,€$
II: $2\,€ + 20\,ct + 10\,ct + 10\,ct + 5\,ct = 2{,}45\,€$
III: $2\,€ + 10\,ct + 10\,ct + 10\,ct + 10\,ct + 5\,ct = 2{,}45\,€$
IV: $1\,€ + 1\,€ + 20\,ct + 20\,ct + 5\,ct = 2{,}45\,€$
V: $1\,€ + 1\,€ + 20\,ct + 10\,ct + 10\,ct + 5\,ct = 2{,}45\,€$
VI: $1\,€ + 1\,€ + 10\,ct + 10\,ct + 10\,ct + 10\,ct + 5\,ct = 2{,}45\,€$

Schreibe systematisch alle möglichen Kombinationen auf. Es gilt:
$20\,ct = 0{,}2\,€;\quad 10\,ct = 0{,}1\,€;\quad 5\,ct = 0{,}05\,€;\quad 1\,ct = 0{,}01\,€$

Beachte: Da du nur ein 1-Cent-Stück und keine 2-Cent-Stücke besitzt, kannst du es nicht verwenden, um auf 0,05 € zu kommen. Du musst also auf jeden Fall das 5-Cent-Stück verwenden.

13

$:3 \left(\begin{array}{l} 3\text{ Bagger} \,\triangleq\, 6\text{ Tage} \\ 1\text{ Bagger} \,\triangleq\, 18\text{ Tage} \\ 2\text{ Bagger} \,\triangleq\, 9\text{ Tage} \end{array}\right) \begin{array}{l} \cdot 3 \\ :2 \end{array}$
$\cdot 2$

Für die Arbeit würden 2 Bagger 9 Tage brauchen.

Es handelt sich um eine antiproportionale Zuordnung.

Hauptteil

/ Hinweise und Tipps

1 Gegeben: Anfangskapital: $K_0 = 56\,000\,€$
Zinssatz: $p\,\% = 2{,}5\,\%$
Laufzeit in Jahren: $n = 5$

Gesucht: K_5

Zinsfaktor:

$$q = 1 + \frac{p}{100} = 1 + \frac{2{,}5}{100} = 1{,}025$$

Berechnung des Jahresgewinns in 5 Jahren:
$K_n = K_0 \cdot q^n$
$K_5 = 56\,000\,€ \cdot 1{,}025^5$
$K_5 \approx 63\,358{,}86\,€$

Am Ende des 5. Jahres sind etwa 63 358,86 € Gewinn zu erwarten.

Nutze die Kapitalformel. Das Anfangskapital entspricht dabei dem Jahresgewinn in Höhe von 56 000 € und der Zinssatz der prozentualen Steigerung.

---

2 Wahrscheinlichkeit, beim 1. Glücksrad „Mond" zu drehen:

$$P_1(\text{Mond}) = \frac{1}{2}$$

Wahrscheinlichkeit, beim 2. Glücksrad „Mond" zu drehen:

$$P_2(\text{Mond}) = \frac{1}{4}$$

Wahrscheinlichkeit, beim 3. Glücksrad „Mond" zu drehen:

$$P_3(\text{Mond}) = \frac{1}{2}$$

Wahrscheinlichkeit, dass alle drei Räder „Mond" zeigen:
$P(\text{Mond; Mond; Mond}) = P_1(\text{Mond}) \cdot P_2(\text{Mond}) \cdot P_3(\text{Mond})$

$$= \frac{1}{2} \cdot \frac{1}{4} \cdot \frac{1}{2} = \frac{1}{16} = 0{,}0625 = 6{,}25\,\%$$

Die Wahrscheinlichkeit beträgt 6,25 %.

Berechne zunächst die Wahrscheinlichkeiten für „Mond" bei den einzelnen Glücksrädern und multipliziere sie miteinander.

- Beim 1. Glücksrad entspricht das Feld mit „Mond" einem Halbkreis.
- Beim 2. Glücksrad entspricht das Feld mit „Mond" einem Viertelkreis.
- Beim 3. Glücksrad entspricht das Feld mit „Mond" einem Halbkreis.

---

3 a) Netz der Pyramide im Maßstab 1:2:

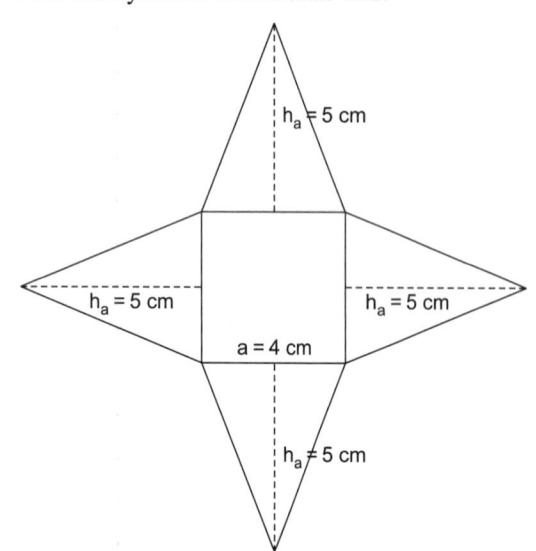

Ein Netz ist eine „aufgeklappte" Pyramide. Die Pyramide hat eine quadratische Grundfläche mit der Seitenlänge $a = 4$ cm. Die Höhen der Dreiecke $h_a = 5$ cm müssen senkrecht zu den Grundkanten durch deren Mittelpunkt (bei $\frac{a}{2}$) eingezeichnet werden.

Hinweise und Tipps

b) Berechnung der Pyramidenhöhe h_K mit dem Satz des Pythagoras:

$$h_a^2 = h_K^2 + \left(\frac{a}{2}\right)^2 \quad \Big| -\left(\frac{a}{2}\right)^2$$

$$h_K^2 = h_a^2 - \left(\frac{a}{2}\right)^2$$

$$h_K^2 = (5\,\text{cm})^2 - \left(\frac{4\,\text{cm}}{2}\right)^2$$

$$h_K^2 = 21\,\text{cm}^2 \quad \Big| \sqrt{}$$

$$h_K \approx 4{,}58\,\text{cm}$$

Betrachte ein Schrägbild der Pyramide:

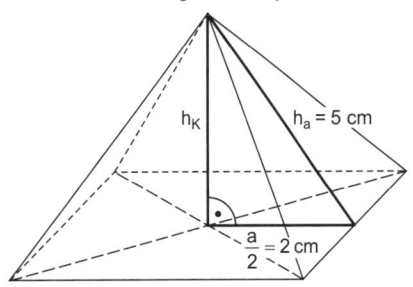

Berechne die Pyramidenhöhe h_K mit dem Satz des Pythagoras im rechtwinkligen Dreieck.

c) Berechnung des Pyramidenvolumens V:

$$V = \frac{1}{3} \cdot a^2 \cdot h_K$$

$$V = \frac{1}{3} \cdot (4\,\text{cm})^2 \cdot 4{,}58\,\text{cm}$$

$$V \approx 24{,}43\,\text{cm}^3$$

Lösung mit $h_K = 4{,}61$ cm:

$$V = \frac{1}{3} \cdot a^2 \cdot h_K$$

$$V = \frac{1}{3} \cdot (4\,\text{cm})^2 \cdot 4{,}61\,\text{cm}$$

$$V \approx 24{,}59\,\text{cm}^3$$

Benutze die Volumenformel $V = \frac{1}{3} \cdot G \cdot h_K$.

d) Allgemeine Betrachtung:

Volumen der ursprünglichen Pyramide:

$$V = \frac{1}{3} \cdot a^2 \cdot h_K$$

Volumen der neuen Pyramide:

$$V_{neu} = \frac{1}{3} \cdot (2a)^2 \cdot h_K = \frac{1}{3} \cdot 4a^2 \cdot h_K = 4 \cdot \underbrace{\frac{1}{3} \cdot a^2 \cdot h_K}_{V} = 4 \cdot V$$

Setze die neue Grundkantenlänge 2a in die Volumenformel ein und führe das neue Volumen durch Umformungen auf das ursprüngliche Volumen zurück.

Alternativ:
Berechnung des neuen Volumens:
neue Grundkante: $a_{neu} = 2a = 2 \cdot 4\,\text{cm} = 8\,\text{cm}$
Volumen:

$$V_{neu} = \frac{1}{3} \cdot a_{neu}^2 \cdot h_K = \frac{1}{3} \cdot (8\,\text{cm})^2 \cdot 4{,}58\,\text{cm} \approx 97{,}71\,\text{cm}^3$$

Volumenvergleich:

$$\frac{V_{neu}}{V} = \frac{97{,}71\,\text{cm}^3}{24{,}43\,\text{cm}^3} \approx 4$$

Alternativ kannst du die Grundkantenlänge $a = 4$ cm auf $2a = 8$ cm verdoppeln. Setze diesen Wert in die Volumenformel ein und vergleiche das berechnete Volumen der neuen Pyramide mit dem der ursprünglichen Pyramide.

Das Volumen …
- … verdoppelt sich. ☐
- … verdreifacht sich. ☐
- … vervierfacht sich. ☒
- … verachtfacht sich. ☐

4 a) Koordinatensystem:

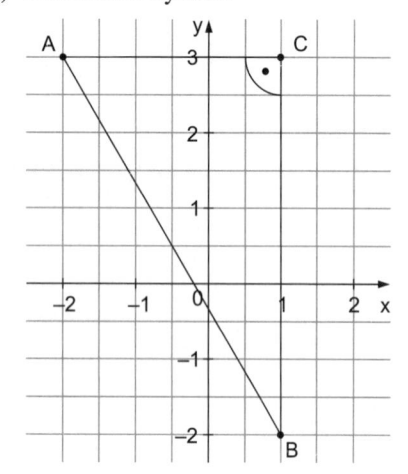

Hinweise und Tipps

b) Berechnung der Länge der Strecke $\overline{AB}$ mit dem Satz des Pythagoras:

$$\overline{AB}^2 = \overline{BC}^2 + \overline{CA}^2$$
$$\overline{AB}^2 = (5\text{ cm})^2 + (3\text{ cm})^2$$
$$\overline{AB}^2 = 34\text{ cm}^2 \quad |\sqrt{}$$
$$\overline{AB} \approx 5{,}83\text{ cm}$$

Im rechtwinkligen Dreieck liegt die Hypotenuse dem rechten Winkel gegenüber. Benutze den Satz des Pythagoras.

Entnimm die Streckenlängen der anderen Seiten deiner Zeichnung oder berechne sie, indem du jeweils den Abstand der x-Koordinaten bzw. der y-Koordinaten bestimmst:
$\overline{BC} = y_C - y_B = 3 - (-2) = 5$
$\overline{CA} = x_C - x_A = 1 - (-2) = 3$

c) Berechnung des Winkels α mit dem Tangens:

$$\tan\alpha = \frac{\text{Gegenkathete}}{\text{Ankathete}}$$
$$\tan\alpha = \frac{\overline{BC}}{\overline{CA}}$$
$$\tan\alpha = \frac{5\text{ cm}}{3\text{ cm}}$$
$$\tan\alpha = 1{,}6666\ldots$$
$$\alpha \approx 59{,}04°$$

Berechne den Winkel α mithilfe der trigonometrischen Beziehungen im rechtwinkligen Dreieck ABC:

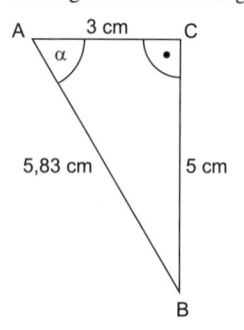

Alternative Berechnung von α mit dem Sinus:

$$\sin\alpha = \frac{\text{Gegenkathete}}{\text{Hypotenuse}}$$
$$\sin\alpha = \frac{\overline{BC}}{\overline{AB}}$$
$$\sin\alpha = \frac{5\text{ cm}}{5{,}83\text{ cm}}$$
$$\sin\alpha = 0{,}8576\ldots$$
$$\alpha \approx 59{,}05°$$

Hinweis:
Da bei dieser Aufgabe die Längen von Ankathete und Gegenkathete zu α exakt gegeben sind, bietet sich der Tangens zur Berechnung an, da er das exakteste Ergebnis liefern wird. Der Winkel kann jedoch auch mit dem Sinus oder dem Kosinus berechnet werden. Aufgrund der Rundungsungenauigkeit bei der Berechnung von $\overline{AB}$ kommt es dann zu leichten Abweichungen im Ergebnis.

Alternative Berechnung von α mit dem Kosinus:

$$\cos\alpha = \frac{\text{Ankathete}}{\text{Hypotenuse}}$$
$$\cos\alpha = \frac{\overline{CA}}{\overline{AB}}$$
$$\cos\alpha = \frac{3\text{ cm}}{5{,}83\text{ cm}}$$
$$\cos\alpha = 0{,}5145\ldots$$
$$\alpha \approx 59{,}03°$$

Hinweise und Tipps

5 a) y-Achsenabschnitt:
t = −3

Steigung:
m = 2

Funktionsgleichung:
y = mx + t
y = 2x − 3

Die allgemeine Funktionsgleichung lautet: y = mx + t
Für die gezeichnete Gerade gilt:
- Die Gerade verläuft durch den Punkt (0|−3). Somit ist der y-Achsenabschnitt t = −3.
- Gehst du vom Punkt (0|−3) aus 1 Schritt nach rechts, musst du 2 Schritte nach oben gehen, um wieder einen Punkt auf der Geraden zu erreichen. Somit ist die Steigung der Geraden $m = \frac{2}{1} = 2$.

b) Zeichnung:

Die allgemeine Funktionsgleichung lautet: y = mx + t
Für die Gerade mit der Gleichung $y = -\frac{1}{3}x + 4$ gilt also:
- Der y-Achsenabschnitt ist t = 4. Somit verläuft die Gerade durch den Punkt A(0|4). Zeichne den Punkt A in das Koordinatensystem ein.
- Die Steigung der Geraden ist $m = -\frac{1}{3}$. Gehe vom Punkt A aus 3 Schritte nach rechts und 1 Schritt nach unten. So erhältst du den Punkt B(3|3).
- Zeichne eine Gerade durch die beiden Punkte A und B.

Alternativ:
Da eine Gerade durch zwei Punkte eindeutig festgelegt ist, kannst du auch eine Wertetabelle für zwei verschiedene x-Werte anlegen und die Gerade dann durch die berechneten Punkte zeichnen.

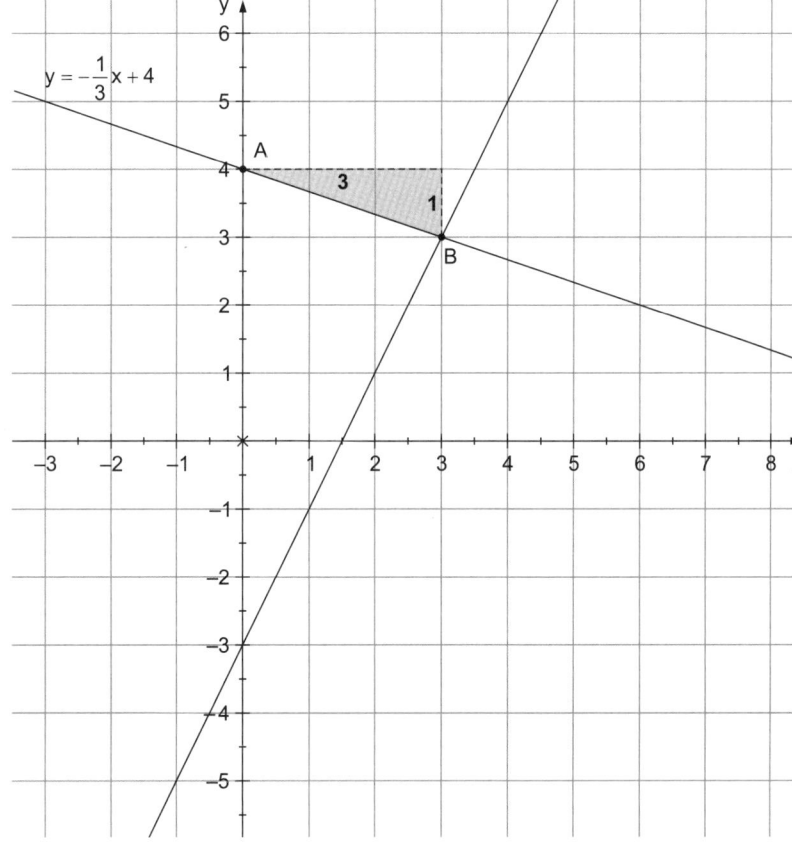

---

6 *Lösung mit dem Additionsverfahren:*

I 2x + 5y = 9 |I + II
II −2x + 3y = 15

  8y = 24 |: 8
   y = 3

Der Wert für y wird in Gleichung I eingesetzt:
2x + 5 · 3 = 9
 2x + 15 = 9 |−15
   2x = −6 |: 2
    x = −3

𝕃 = {(−3; 3)}

Alternative Lösung mit dem Einsetzungsverfahren:

I 2x + 5y = 9 |−5y
II −2x + 3y = 15

I' 2x = 9 − 5y
II −2x + 3y = 15

Wähle ein geeignetes Lösungsverfahren. Hier bietet sich das Additionsverfahren an.

Berechnung der 1. Variablen.

Berechnung der 2. Variablen.

Löse Gleichung I nach 2x auf und setze dann den Term für 2x in Gleichung II ein.

Der Term für 2x wird in Gleichung II eingesetzt:
$-(9-5y)+3y=15$
$-9+5y+3y=15 \quad |+9$
$\qquad 8y = 24 \quad |:8$
$\qquad y = 3$

Zur Berechnung des Wertes für x wird wie oben der Wert für y in Gleichung I eingesetzt und man erhält: $x = -3$

$\mathbb{L} = \{(-3; 3)\}$

Alternative Lösung mit dem Gleichsetzungsverfahren:

I $\quad 2x+5y=9$
II $\quad -2x+3y=15 \qquad |\cdot(-1)$

I $\quad 2x+5y=9 \qquad |-5y$
II' $\quad 2x-3y=-15 \qquad |+3y$

I' $\quad 2x = 9-5y$
II" $\quad 2x = -15+3y$

Gleichsetzen:
$9-5y = -15+3y \qquad |+5y$
$9 = -15+8y \qquad |+15$
$24 = 8y \qquad |:8$
$y = 3$

Zur Berechnung des Wertes für x wird wie oben der Wert für y in Gleichung I eingesetzt und man erhält: $x = -3$

$\mathbb{L} = \{(-3; 3)\}$

Hinweise und Tipps

Berechne nach dem Einsetzen die 1. Variable.

Multipliziere Gleichung II mit –1 und löse dann beide Gleichungen nach 2x auf.

---

7 a) $x^2 + 2x - 8 = 0$

Lösung mit der p-q-Formel:

$$x_{1/2} = -\frac{p}{2} \pm \sqrt{\left(\frac{p}{2}\right)^2 - q}$$

Wenn man $p=2$ und $q=-8$ einsetzt, erhält man:

$$x_{1/2} = -\frac{2}{2} \pm \sqrt{\left(\frac{2}{2}\right)^2 - (-8)}$$

$x_{1/2} = -1 \pm \sqrt{1+8}$
$x_{1/2} = -1 \pm \sqrt{9}$
$x_{1/2} = -1 \pm 3$
$x_1 = 2; \quad x_2 = -4$

Alternative Lösung mit der quadratischen Ergänzung:

$x^2 + 2x - 8 = 0$
$x^2 + 2\cdot 1\cdot x + \mathbf{1^2 - 1^2} - 8 = 0$
$(x+1)^2 - 1 - 8 = 0$
$(x+1)^2 - 9 = 0 \qquad |+9$
$(x+1)^2 = 9 \qquad |\sqrt{}$
$x_{1/2} + 1 = \pm 3 \qquad |-1$
$x_{1/2} = \pm 3 - 1$

$x_1 = 3-1 \quad$ und $\quad x_2 = -3-1$
$x_1 = 2 \qquad\qquad\quad x_2 = -4$

Löse die quadratische Gleichung entweder mithilfe der p-q-Formel oder mithilfe der quadratischen Ergänzung.

b) Scheitelpunktform:
$$y = x^2 + 2x - 8$$
$$y = x^2 + 2 \cdot 1 \cdot x + \mathbf{1^2 - 1^2} - 8$$
$$y = (x+1)^2 - 1 - 8$$
$$y = (x+1)^2 - 9$$

Scheitelpunkt: $S(-1|-9)$

c) Zeichnung:

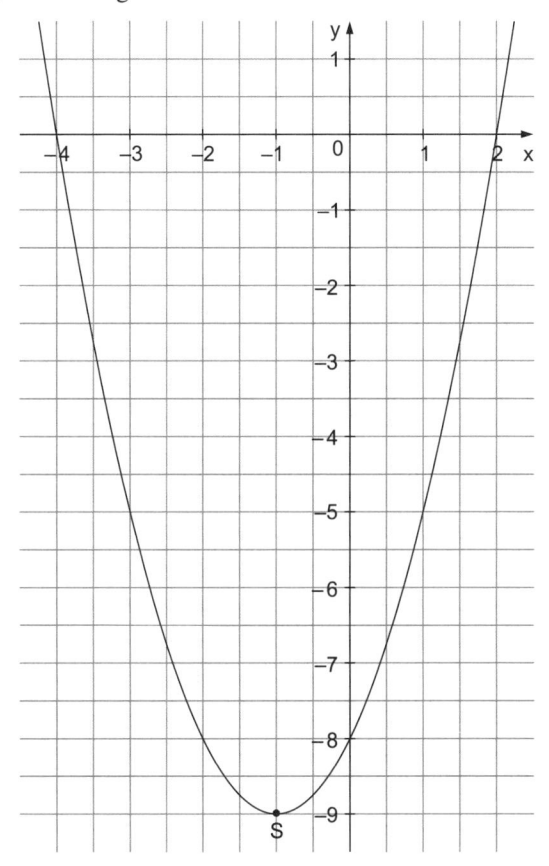

Hinweise und Tipps

Die allgemeine Scheitelpunktform für den Scheitelpunkt $S(m|n)$ lautet: $y = (x-m)^2 + n$
Bringe die quadratische Gleichung mithilfe der quadratischen Ergänzung auf die Scheitelpunktform und lies dann den Scheitelpunkt ab.

Zeichne zunächst ein Koordinatensystem. Überlege dir dazu, wo der Scheitelpunkt liegt. Da die Parabel, die zur Funktion $y = x^2 + 2x - 8$ gehört, nach oben geöffnet ist, brauchst du oberhalb des Scheitelpunktes viel Platz, um die Parabel zeichnen zu können. Nutze dazu die Parabelschablone.

8

	wahr	falsch
$\sin \beta = \frac{b}{c}$		✗
b ist die Ankathete von γ.	✗	
$\cos \gamma = \frac{a}{b}$		✗
$\tan \beta = \frac{b}{c}$	✗	

Im rechtwinkligen Dreieck liegt die Hypotenuse dem rechten Winkel gegenüber. Hier ist a die Hypotenuse.

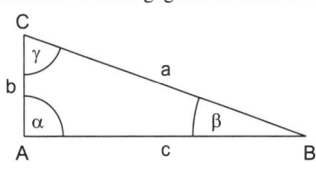

- Es gilt: $\sin \beta = \dfrac{\text{Gegenkathete}}{\text{Hypotenuse}} = \dfrac{b}{a}$

- Es gilt: b ist bezüglich γ die Ankathete.

- Es gilt: $\cos \gamma = \dfrac{\text{Ankathete}}{\text{Hypotenuse}} = \dfrac{b}{a}$

- Es gilt: $\tan \beta = \dfrac{\text{Gegenkathete}}{\text{Ankathete}} = \dfrac{b}{c}$

Wahlaufgaben

1 a) Füllgraph:

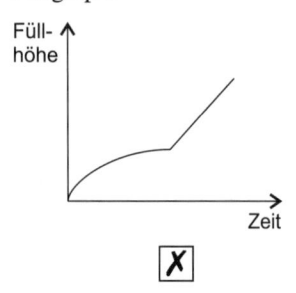

[Graph: Füllhöhe vs. Zeit — Kurve steigt zunächst schnell, dann langsamer, und geht dann in einen linearen Verlauf über. Option unten mit X markiert.]

Hinweise und Tipps

Zunächst fließt das Wasser in den halbkugelförmigen Teil der Vase. Füllt man eine Halbkugel, steigt das Wasser erst sehr schnell und dann immer langsamer, da stetig mehr Volumen befüllt werden muss. Ist die Halbkugel voll, steigt das Wasser in den zylinderförmigen Teil der Vase. Im Zylinder bleibt die Zunahme der Füllhöhe immer gleich, da das Volumen gleichmäßig gefüllt werden kann.

Für die Füllkurve bedeutet das, dass sie erst schnell und dann langsamer ansteigt, bis sie schließlich einen linearen Verlauf nimmt. Dies passt am besten zu den Füllkurven links oben oder links unten.

Hinweis: Ist die Vase zu Beginn leer, muss der Füllgraph im Ursprung starten. Somit passt die Füllkurve links oben am besten. Befindet sich schon Wasser im halbkugelförmigen Teil der Vase, passt der Füllgraph links unten am besten.

b) Volumen der Halbkugel:

$$V_{Halbkugel} = \frac{1}{2} \cdot \frac{4}{3} \cdot \pi \cdot r_{Halbkugel}^3$$

$$V_{Halbkugel} = \frac{1}{2} \cdot \frac{4}{3} \cdot \pi \cdot (11\,cm)^3$$

$$V_{Halbkugel} \approx 2\,787{,}64\,cm^3$$

Volumen des Zylinders:

$$V_{Zylinder} = \pi \cdot r_{Zylinder}^2 \cdot h_{Zylinder}$$

$$V_{Zylinder} = \pi \cdot (4\,cm)^2 \cdot 8\,cm$$

$$V_{Zylinder} \approx 402{,}12\,cm^3$$

Gesamtvolumen:

$$V_{gesamt} = V_{Halbkugel} + V_{Zylinder}$$

$$V_{gesamt} = 2\,787{,}64\,cm^3 + 402{,}12\,cm^3$$

$$V_{gesamt} = 3\,189{,}76\,cm^3$$

Die Vase ist ein zusammengesetzter Körper. Sie besteht aus einer Halbkugel und einem Zylinder.

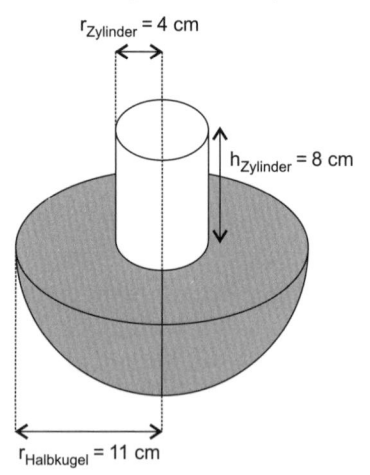

[Skizze: Vase bestehend aus Halbkugel ($r_{Halbkugel} = 11\,cm$) und aufgesetztem Zylinder ($r_{Zylinder} = 4\,cm$, $h_{Zylinder} = 8\,cm$).]

c) Lösung mit einer Verhältnisgleichung:

$$\frac{Zeit_{Halbkugel}}{Zeit_{gesamt}} = \frac{V_{Halbkugel}}{V_{gesamt}} \quad | \cdot Zeit_{gesamt}$$

$$Zeit_{Halbkugel} = \frac{V_{Halbkugel}}{V_{gesamt}} \cdot Zeit_{gesamt}$$

$$Zeit_{Halbkugel} = \frac{2\,787{,}64\,cm^3}{3\,189{,}76\,cm^3} \cdot 20\,s$$

$$Zeit_{Halbkugel} \approx 17{,}48\,s$$

Lösung mit $V_{Halbkugel} = 2\,508{,}88\,cm^3$ und $V_{gesamt} = 2\,870{,}79\,cm^3$:

$$\frac{Zeit_{Halbkugel}}{Zeit_{gesamt}} = \frac{V_{Halbkugel}}{V_{gesamt}} \quad | \cdot Zeit_{gesamt}$$

$$Zeit_{Halbkugel} = \frac{V_{Halbkugel}}{V_{gesamt}} \cdot Zeit_{gesamt}$$

$$Zeit_{Halbkugel} = \frac{2\,508{,}88\,cm^3}{2\,870{,}79\,cm^3} \cdot 20\,s$$

$$Zeit_{Halbkugel} \approx 17{,}48\,s$$

Stelle zur Lösung eine Verhältnisgleichung auf. Der Anteil der Zeit, die für das Füllen der Halbkugel benötigt wird, an der gesamten Füllzeit entspricht dem Anteil des Volumens der Halbkugel am Gesamtvolumen.

d) Berechnung der Oberfläche des grau gefärbten Teils:

$O_{grau} = \frac{1}{2} \cdot O_{Kugel} + O_{Kreis} - O_{innerer\ Kreis}$

$O_{grau} = \frac{1}{2} \cdot 4 \cdot \pi \cdot r_{Halbkugel}^2 + \pi \cdot r_{Halbkugel}^2 - \pi \cdot r_{Zylinder}^2$

$O_{grau} = 2 \cdot \pi \cdot (11\ cm)^2 + \pi \cdot (11\ cm)^2 - \pi \cdot (4\ cm)^2$

$O_{grau} \approx 1\,090{,}13\ cm^2$

/ Hinweise und Tipps

Gesucht ist die Größe der Oberfläche der halben Kugel und dazu die Größe der Kreisscheibe ohne die Fläche, die der Zylinder bedeckt.

2 a) *Hinweis:* Es handelt sich um eine Fermi-Aufgabe, bei der zunächst begründete Annahmen getroffen werden müssen. Hier muss die Karte vom Maschsee vermessen und mit den gegebenen Werten angenähert werden.

Möglichkeit 1: Maschsee modelliert als Rechteck

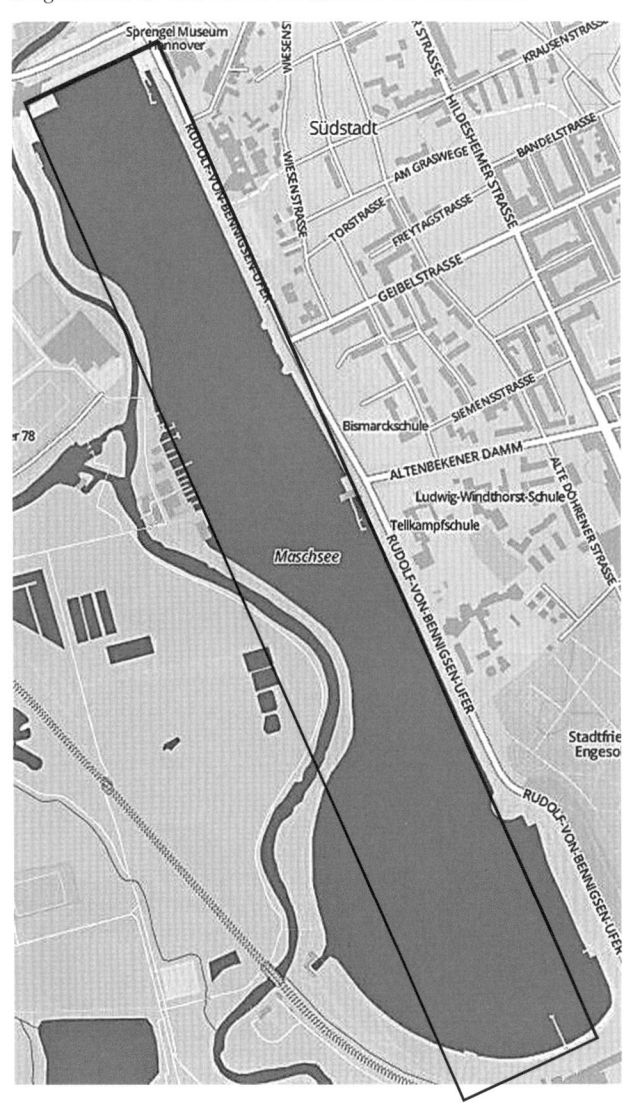

Modelliere den Maschsee als Rechteck. Für die Flächenberechnung werden die Länge a und die Breite b des Rechtecks benötigt. Miss dazu die Länge des Rechtecks. Da bekannt ist, dass der Maschsee 2,4 km lang ist, kannst du mithilfe eines Maßstabs auf die Breite des Sees schließen.

Daten von OpenStreetMap; veröffentlicht unter der Lizenz „Open Database Licence (ODbL) 1.0"

Messungen in der Zeichnung:
Länge des Maschsees: 14,5 cm
Breite des Maschsees: 2 cm

Da der Maschsee in Wirklichkeit 2,4 km = 2 400 m lang ist, erhält man damit folgenden Maßstab:

$: 14{,}5 \left(\begin{array}{l} 14{,}5\ cm \triangleq 2\,400\ m \\ 1\ cm \triangleq 165{,}52\ m \end{array} \right) : 14{,}5$

Hinweise und Tipps

Berechnung der Maße des Maschsees in Wirklichkeit:
Länge in Wirklichkeit: a = 2 400 m
Breite in Wirklichkeit: b = 2 · 165,52 m = 331,04 m

Berechnung der Größe der Wasseroberfläche:
$O_{Maschsee} = a \cdot b$
$O_{Maschsee} = 2\,400 \text{ m} \cdot 331,04 \text{ m}$
$O_{Maschsee} = 794\,496 \text{ m}^2$

Möglichkeit 2: Maschsee modelliert als Rechteck und Halbkreis

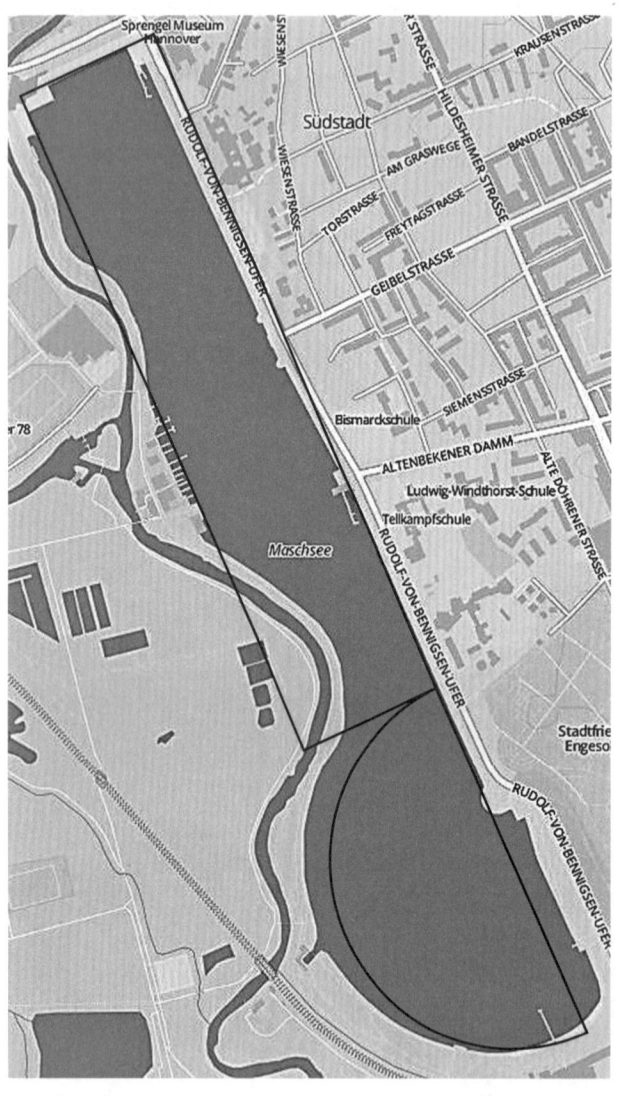

Daten von OpenStreetMap; veröffentlicht unter der Lizenz „Open Database Licence (ODbL) 1.0"

Messungen in der Zeichnung:
Länge des Maschsees: 14,5 cm
Länge des Rechtecks: 9,5 cm
Breite des Rechtecks: 2 cm
Durchmesser des Halbkreises: 5 cm

Da der Maschsee in Wirklichkeit 2,4 km = 2 400 m lang ist, erhält man damit wieder folgenden Maßstab:

$:14,5 \left(\begin{array}{l} 14,5 \text{ cm} \stackrel{\wedge}{=} 2\,400 \text{ m} \\ 1 \text{ cm} \stackrel{\wedge}{=} 165,52 \text{ m} \end{array} \right) :14,5$

Berechnung der Maße des Maschsees in Wirklichkeit:
Rechteckslänge in Wirklichkeit: a = 9,5 · 165,52 m = 1 572,44 m
Rechtecksbreite in Wirklichkeit: b = 2 · 165,52 m = 331,04 m

Hinweise und Tipps

Durchmesser in Wirklichkeit: $d = 5 \cdot 165{,}52 \text{ m} = 827{,}60 \text{ m}$
Radius in Wirklichkeit: $r = 0{,}5 \cdot d = 413{,}80 \text{ m}$

Berechnung der Größe der Wasseroberfläche:

$O_{Maschsee} = O_{Rechteck} + O_{Halbkreis}$

$O_{Maschsee} = a \cdot b + \frac{1}{2} \cdot \pi \cdot r^2$

$O_{Maschsee} = 1\,572{,}44 \text{ m} \cdot 331{,}04 \text{ m} + \frac{1}{2} \cdot \pi \cdot (413{,}80 \text{ m})^2$

$O_{Maschsee} \approx 789\,508{,}68 \text{ m}^2$

b) Abnahme des Wasserspiegels:
$h = 1{,}3 \text{ cm} = 0{,}013 \text{ m}$

Wasservolumen, das täglich verschwindet (maximal):
$V = O_{Maschsee} \cdot h$
$V = 794\,496 \text{ m}^2 \cdot 0{,}013 \text{ m}$
$V = 10\,328{,}448 \text{ m}^3$

Umrechnung in Liter:
$10\,328{,}448 \text{ m}^3 = 10\,328{,}448 \cdot 1\,000 \text{ dm}^3$
$= 10\,328\,448 \text{ dm}^3$
$= 10\,328\,448 \text{ ℓ}$

Gefordert ist das Raummaß Liter. Dazu muss die Einheit m^3 erst in dm^3 umgerechnet werden, denn es gilt:
$1 \text{ dm}^3 = 1 \text{ ℓ}$

Anzahl an Badewannen:
$10\,328\,448 \text{ ℓ} : 150 \text{ ℓ} = 68\,856{,}32 \approx 69\,000$
Man könnte damit etwa 69 000 Badewannen füllen.

Runde das Ergebnis auf Tausender.

Lösung mit $O_{Maschsee} = 789\,508{,}68 \text{ m}^2$:
Wasservolumen, das täglich verschwindet (maximal):
$V = O_{Maschsee} \cdot h$
$V = 789\,508{,}68 \text{ m}^2 \cdot 0{,}013 \text{ m}$
$V \approx 10\,263{,}61 \text{ m}^3$

Umrechnung in Liter:
$10\,263{,}61 \text{ m}^3 = 10\,263{,}61 \cdot 1\,000 \text{ dm}^3$
$= 10\,263\,610 \text{ dm}^3$
$= 10\,263\,610 \text{ ℓ}$

Anzahl an Badewannen:
$10\,263\,610 \text{ ℓ} : 150 \text{ ℓ} \approx 68\,424{,}07 \approx 68\,000$
Man könnte damit etwa 68 000 Badewannen füllen.

Lösung mit $O_{Maschsee} = 781\,123 \text{ m}^2$:
Wasservolumen, das täglich verschwindet (maximal):
$V = O_{Maschsee} \cdot h$
$V = 781\,123 \text{ m}^2 \cdot 0{,}013 \text{ m}$
$V = 10\,154{,}599 \text{ m}^3$

Umrechnung in Liter:
$10\,154{,}599 \text{ m}^3 = 10\,154{,}599 \cdot 1\,000 \text{ dm}^3$
$= 10\,154\,599 \text{ dm}^3$
$= 10\,154\,599 \text{ ℓ}$

Anzahl an Badewannen:
$10\,154\,599 \text{ ℓ} : 150 \text{ ℓ} \approx 67\,697{,}33 \approx 68\,000$
Man könnte damit etwa 68 000 Badewannen füllen.

c) Berechnung der Geschwindigkeit:

$$\begin{array}{c} :4 \\ \cdot 6 \end{array} \left(\begin{array}{l} 40 \text{ Minuten} \triangleq 6 \text{ km} \\ 10 \text{ Minuten} \triangleq 1,5 \text{ km} \\ 60 \text{ Minuten} \triangleq 9 \text{ km} \end{array} \right) \begin{array}{c} :4 \\ \cdot 6 \end{array}$$

Der Jogger läuft durchschnittlich mit $9\,\frac{\text{km}}{\text{h}}$.

Hinweise und Tipps

Rechne die Anzahl der Kilometer, die der Jogger in 40 Minuten schafft, auf Kilometer pro Stunde, also auf 60 Minuten, hoch.

3 a) Gegeben: Prozentsatz: $p\% = 5,1\,\%$
   Anzahl Jahre: $n = 1985 - 1955 = 30$
   Anzahl 1985: $G_{30} = 5,4$ Millionen
   Gesucht: Einwohnerzahl G_0

Wachstumsfaktor:

$$q = 1 + \frac{p}{100} = 1 + \frac{5,1}{100} = 1,051$$

Berechnung der Einwohnerzahl 1955 (zu Beginn):

$$G_n = G_0 \cdot q^n \qquad |\,:q^n$$

$$G_0 = \frac{G_n}{q^n}$$

$$G_0 = \frac{5,4 \text{ Millionen}}{1,051^{30}}$$

$$G_0 = \frac{5\,400\,000}{1,051^{30}}$$

$$G_0 = 1\,214\,261,65$$

$$G_0 \approx 1\,214\,000$$

Da die Einwohnerzahl jährlich um einen festen Prozentsatz zunimmt, liegt ein exponentielles Wachstum vor. Benutze die Wachstumsformel. Der Anfangswert ist dabei die Einwohnerzahl im Jahr 1955.

Runde auf volle Tausender.

b) Gegeben: Anzahl 1985: $G_0 = 5,4$ Millionen
   Anzahl Jahre: $n = 2005 - 1985 = 20$
   Anzahl 2005: $G_{20} = 9,7$ Millionen
   Gesucht: $p\,\%$

Berechnung des Wachstumsfaktors:

$$G_n = G_0 \cdot q^n \qquad |\,:G_0$$

$$q^n = \frac{G_n}{G_0} \qquad |\,\sqrt[n]{}$$

$$q = \sqrt[n]{\frac{G_n}{G_0}}$$

$$q = \sqrt[20]{\frac{9,7 \text{ Millionen}}{5,4 \text{ Millionen}}}$$

$$q \approx 1,0297$$

Es liegt wieder ein exponentielles Wachstum vor. Benutze die Wachstumsformel. Diesmal ist der Anfangswert die Einwohnerzahl im Jahr 1985.

Berechnung des Prozentsatzes:

$$q = 1 + \frac{p}{100} \;\Rightarrow\; p = (q-1) \cdot 100 = (1,0297 - 1) \cdot 100 = 2,97$$

$$\Rightarrow\; p\,\% = 2,97\,\%$$

Die Einwohnerzahl wuchs durchschnittlich pro Jahr um 2,97 %.

c) Gegeben: Anzahl 2005: $G_0 = 9,7$ Millionen
   Anzahl Jahre: $n = 2015 - 2005 = 10$
   Prozentsatz: $p\,\% = 3,1\,\%$
   Gesucht: G_{10}

Benutze die Wachstumsformel.

Wachstumsfaktor:

$$q = 1 + \frac{p}{100} = 1 + \frac{3,1}{100} = 1,031$$

Berechnung der Einwohnerzahl 2015:

$G_n = G_0 \cdot q^n$

$G_{10} = 9,7$ Millionen $\cdot 1,031^{10}$

$G_{10} \approx 13,16$ Millionen

d) Die Lösung ist falsch, denn der Schüler hat ein lineares Wachstum dargestellt. Bei der Entwicklung der Einwohnerzahl Istanbuls handelt es sich aber um ein exponentielles Wachstum, da sich die Einwohnerzahl jährlich um einen festen Prozentsatz ändert.

4 a) Gegeben: Länge Spielfeld: $\ell = 105$ m
Breite Spielfeld: $b = 68$ m
Höhe Werbebanner: $h = 0,9$ m

Gesucht: Größe der Werbefläche

Berechnung der Maße des Werbebanners:
Länge Werbebanner:

$a_B = \ell + 2 \cdot 3$ m $= 105$ m $+ 2 \cdot 3$ m $= 111$ m

Breite Werbebanner:

$b_B = b + 2 \cdot 3$ m $= 68$ m $+ 2 \cdot 3$ m $= 74$ m

Berechnung der Größe der Werbefläche:

$O_{\text{Werbefläche}} = 2 \cdot a_B \cdot h + 2 \cdot b_B \cdot h$

$O_{\text{Werbefläche}} = 2 \cdot 111$ m $\cdot 0,9$ m $+ 2 \cdot 74$ m $\cdot 0,9$ m

$O_{\text{Werbefläche}} = 199,8$ m^2 $+ 133,2$ m^2

$O_{\text{Werbefläche}} = 333$ m^2

Die Fläche des Werbebanners setzt sich aus insgesamt vier Rechtecksflächen zusammen, von denen die beiden gegenüberliegenden jeweils gleich groß sind.

Beachte, dass die Werbebanner im Abstand von 3 m um das Spielfeld herum angebracht sind und daher für deren Länge auf allen vier Seiten des Spielfeldes je 3 m ergänzt werden müssen.

b) Berechnung der Länge der Diagonale d mit dem Satz des Pythagoras:

$d^2 = \ell^2 + b^2$

$d^2 = (105$ m$)^2 + (68$ m$)^2$

$d^2 = 15\,649$ m$^2 \quad | \sqrt{}$

$d \approx 125,10$ m

Da das Spielfeld rechteckig ist, wird es von der Diagonale in zwei rechtwinklige Dreiecke geteilt:

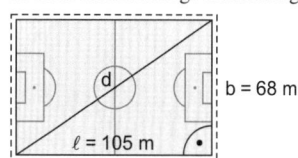

c) Gegeben: $\overline{AB} = d = 125,10$ m
$\overline{BC} = 20$ m
$\overline{CD} = 32$ m

Gesucht: Winkel α

Berechnung des Winkels α_2 mit dem Tangens im rechtwinkligen Dreieck BCD:

$\tan \alpha_2 = \dfrac{\text{Gegenkathete}}{\text{Ankathete}}$

$\tan \alpha_2 = \dfrac{\overline{BC}}{\overline{CD}}$

$\tan \alpha_2 = \dfrac{20 \text{ m}}{32 \text{ m}}$

$\tan \alpha_2 = 0,625$

$\alpha_2 \approx 32,01°$

Betrachte die folgende Skizze. Den Winkel α erhältst du, wenn du den Winkel α_2 vom Winkel α_1 abziehst:

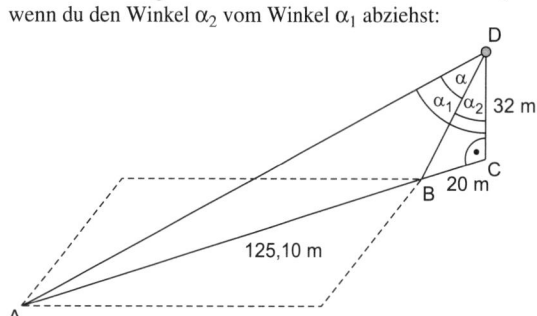

Berechne also zunächst den Winkel α_2 mit dem Tangens im rechtwinkligen Dreieck BCD. Den Winkel α_1 erhältst du mit dem Tangens im rechtwinkligen Dreieck ACD. Bilde dann die Differenz der beiden Winkel, um α zu erhalten.

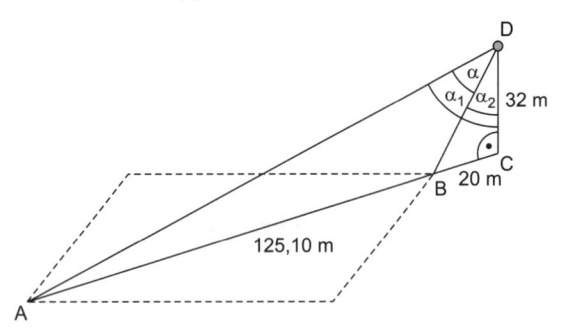

Berechnung des Winkels α_1 mit dem Tangens im rechtwinkligen Dreieck ACD:

$\tan \alpha_1 = \dfrac{\text{Gegenkathete}}{\text{Ankathete}}$

$\tan \alpha_1 = \dfrac{\overline{AC}}{\overline{CD}}$

$\tan \alpha_1 = \dfrac{\overline{AB} + \overline{BC}}{\overline{CD}}$

$\tan \alpha_1 = \dfrac{125{,}10 \text{ m} + 20 \text{ m}}{32 \text{ m}}$

$\tan \alpha_1 = 4{,}5343\ldots$

$\alpha_1 \approx 77{,}56°$

Berechnung des Winkels α:

$\alpha = \alpha_1 - \alpha_2$

$\alpha = 77{,}56° - 32{,}01°$

$\alpha = 45{,}55°$

Berechnung des Winkels α_1 mit d = 126,17 m:

$\tan \alpha_1 = \dfrac{\text{Gegenkathete}}{\text{Ankathete}}$

$\tan \alpha_1 = \dfrac{\overline{AC}}{\overline{CD}}$

$\tan \alpha_1 = \dfrac{\overline{AB} + \overline{BC}}{\overline{CD}}$

$\tan \alpha_1 = \dfrac{126{,}17 \text{ m} + 20 \text{ m}}{32 \text{ m}}$

$\tan \alpha_1 = 4{,}5678\ldots$

$\alpha_1 \approx 77{,}65°$

Berechnung des Winkels α:

$\alpha = \alpha_1 - \alpha_2$

$\alpha = 77{,}65° - 32{,}01°$

$\alpha = 45{,}64°$

Hinweise und Tipps

Erfolgreich durch alle Klassen mit den **STARK** Reihen

Abschlussprüfung
Anhand von Original-Aufgaben die Prüfungssituation trainieren. Schülergerechte Lösungen helfen bei der Leistungskontrolle.

Training
Prüfungsrelevantes Wissen schülergerecht präsentiert. Übungsaufgaben mit Lösungen sichern den Lernerfolg.

Klassenarbeiten
Praxisnahe Übungen für eine gezielte Vorbereitung auf Klassenarbeiten.

STARK in Klassenarbeiten
Schülergerechtes Training wichtiger Themenbereiche für mehr Lernerfolg und bessere Noten.

Kompakt-Wissen
Kompakte Darstellung des prüfungsrelevanten Wissens zum schnellen Nachschlagen und Wiederholen.

Und vieles mehr auf www.stark-verlag.de

Den Abschluss in der Tasche – und dann?

In den **STARK** Ratgebern findest du alle Informationen für einen erfolgreichen Start in die berufliche Zukunft.

Bestellungen bitte direkt an
STARK Verlagsgesellschaft mbH & Co. KG · Postfach 1852 · 85318 Freising
Tel. 0180 3 179000* · Fax 0180 3 179001* · www.stark-verlag.de · info@stark-verlag.de

*9 Cent pro Min. aus dem deutschen Festnetz, Mobilfunk bis 42 Cent pro Min. Aus dem Mobilfunknetz wählen Sie die Festnetznummer: **08167 9573-0**

Lernen ▪ Wissen ▪ Zukunft
STARK